JN177157

福祉現場で必ず役立つ
利用者支援の考え方

津田　耕一　著

電気書院

はじめに

社会福祉施設・事業所では利用者と直接かかわりながら日々の生活支援を行っており、利用者の生活を中心に考えた利用者本位、利用者主体の支援が求められています。まさに、利用者一人ひとりを大切にした支援がますます重要視されています。

しかし一方で、日々のルーティンワークの繰り返しのなかで、本来の目的を見失ってしまい、日々の業務を消化することで満足してしまうこともあります。あるいは、「このようなことをやっていて意味があるのだろうか」と疑問を感じることがあるかもしれません。「わが職場は職員主導ではないか」と疑問を感じているかもしれません。また、利用者支援に行き詰まってしまい、支援の在り方をどのように考え、支援を展開していけばよいのかと悩むこともあります。さらに、一人ひとりの利用者を大切にした支援や利用者主体の支援を実践していきたいが、具体的にどうすればよいのだろうかと想いを巡らせることもあります。

このようなときは、原点に立ち戻ってもう一度私たちが大切にすべきことを思い出しましょう。現実に甘んじてしまうと、進歩が見られませんし、福祉サービスの質の向上にもつながりません。あるべき理想の姿に少しでも近づくために、仕事に対する自分なりの意義や目標をもつことで、日々の仕事にどのような意味があるのかが見えてくるのではないでしょうか。いきなりゴールを目指すのではなく、できるところから取り組んでみましょう。一つひとつの達成感が充実感となり、さらなる向上心につながっていくことでしょう。大変だからこそ、何かをやり遂げたときの達成感は計り知れないほど大きなものとなるでしょう。

本書は、社会福祉施設・事業所にお勤めの皆さんに少しでも利用者支援に役立てていただきたいと願って出版されました。利用者支援の考え方を具体的に分かりやすく、事例やエピソードを交えて記述しています。利用者支援に関する新たな知識や技能を習得するために、また、ご自身の仕事の振り返りと新たな気づきを得るための参考となることでしょう。

本書が、社会福祉施設・事業所で苦労されながらも利用者支援にたずさわっておられる皆さんのお仕事に少しでもお役に立つことができるのであれば幸いです。なお、本書で登場する人物はすべて架空であり、事例やエピソードも読者の皆さんにより伝わりやすくするための創作であることを申し添えておきます。

2017年3月

津田　耕一

目　次

	社会福祉の仕事	7
第１講座	やりがいのある社会福祉の仕事	8
第２講座	専門職としての社会福祉の仕事	14
第３講座	利用者支援の専門性	20
	利用者支援の考え方	**29**
第４講座	処遇から援助、支援へ	30
第５講座	支援の意味と具体的内容	35
第６講座	自立生活支援	41
第７講座	利用者の抱える生活上の問題	47
第８講座	肯定的人間観	50
第９講座	エンパワメントとストレングスの考え	54
	利用者主体の支援	**63**
第10講座	利用者主体の支援	64
第11講座	日常生活場面でのかかわり	72
第12講座	利用者の意思の尊重と生活上のニーズ	77
第13講座	利用者の意思を引き出す支援	85
第14講座	意思表明困難な利用者の意思を引き出す支援	90

専門的援助関係を土台とした支援の展開 99

第 15 講座　専門的援助関係　100

第 16 講座　さまざまな援助関係の形　105

第 17 講座　対人コミュニケーション　111

第 18 講座　利用者とのコミュニケーション　119

第 19 講座　支援の展開過程　128

一人ひとりを大切にした支援 137

第 20 講座　利用者に対する呼称や接し方　138

第 21 講座　虐待の問題と要因　144

第 22 講座　虐待防止の第 1 歩　151

第 23 講座　虐待のない支援　156

チームで関わる利用者支援 167

第 24 講座　チームアプローチ　168

文　献　176

社会福祉の仕事

第１講座　やりがいのある社会福祉の仕事

第２講座　専門職としての社会福祉の仕事

第３講座　利用者支援の専門性

第1講座

やりがいのある社会福祉の仕事

人々の生活に大きくかかわる社会福祉の仕事

皆さんは、社会福祉の仕事をどのように考えておられるでしょうか。日々の仕事はとても気を使う、しんどい、辛い、苦しい、と思うこともあるでしょう。ときには、「これだけ一生懸命頑張っているのに報われない」と思うこともあるかもしれません。要介護状態の高齢者、認知症の高齢者、重度の障害者などの利用者とかかわっていると、利用者に変化や成長が見られないなど社会福祉の仕事そのものに疑問を感じることもあるかもしれません。

しかし、社会福祉の仕事はとてもやりがいがあるといえます。なぜかというと、福祉サービスを利用する人々（以下、利用者）の生活に深くかかわり、ときには生命にも関与するからです。利用者の生活を支え、生命を護り、人々の“幸せ”を考えていく仕事なのです。利用者の“幸せ”を喜びと感じられるところに、社会福祉の仕事の醍醐味があります（図表１－１)。そして、多くの人とかかわることで、読者である皆さん自身の人間としての成長につながっているのです。

仕事で辛い想いや悲しい想いをしたり、報われないと思ったり、社会福祉の仕事に疑問を感じたりすることもあると思います。しかし、時折、利用者の生活に役立った、ほんのわずかではあるものの利用者に変化が見られた、利用者やご家族から感謝されたなど社会福祉の仕事をしていて良かったと思えることもあるでしょう。そう思えたとき、辛いことやしんどいことが一度に吹き飛んでしまうのではないでしょうか。だからこそ、社会福祉はやりがいのある仕事なのです。

私は、大学の教員になる以前は主に身体に障害のある方が利用する作業所で働いていました。そこでは、多くの利用者に出会いさまざまな経験をしました。この経験が今の私の人格形成に大きく影響を与えています。大学で学生さんたちに授業する際、現場経験が土台となっています。私自身、社会福祉の仕事にやりがいがある、と感じた事例を紹介しましょう。

図表１－１　社会福祉の仕事の醍醐味

筆者作成

やりがいを感じた事例１（親子関係の修復に貢献した事例）

山本さん（男性、50歳代後半）は、病気で倒れ、元の仕事に復帰できず私たちの作業所を利用していました。生粋の職人気質の性格で、まっすぐな方でした。その性格が災いしたのか、息子さんと折り合いが悪く、息子さんは家を飛び出してしまいました。ほとんど音信不通の状態で、かろうじて奥さんを通して連絡を取りあっている程度でした。

ある日、体調不良を訴え、精密検査の結果、末期の癌だということが分かりました。しばらくの間通院することになったのですが、通院手段がなく、途方に暮れていました。体が不自由であり痛みがひどいので、バスでの通院ができませんでした。タクシーを利用するほど経済的にゆとりがありません。そのため、奥さんから通院に作業所の自動車を出してもらえないかと依頼がありました。本来の業務の域を超えた依頼だったのですが、可能な範囲で通院のため職員が送迎を行いました。

奥さんが息子さんに、作業所の職員に通院のための送迎を手伝ってもらっていることを話したところ、息子さんは時折、山本さんの送迎をするようになったそうです。そして、「頑固な父のことを気にかけてくださる人がいたのか。血のつながった私がすべきことを、施設職員にしていただいてありがたい」と感謝されていたとのことでした。その後、山本さんは入院し、最期をご家族と作業所の職員に看取られて亡くなりました。

山本さんの事例から、社会福祉の仕事のやりがいについて整理しましょう。通院の送迎は作業所のサービスの域を超えていたのかもしれません。しかし、ご本人の生活に少しでも役立ったことに喜びを感じています。しかも、私たちの送迎が音信不通状態の息子さんの心に響いたことが何よりもの収穫だと思います。死別してからも親子間で憎しみしか残らないとしたら、なんと悲しいことでしょう。しかし、送迎を行ったことで、山本さんと息子さんの距離が少し縮まったのではないでしょうか。親子の絆を少しでも取り戻せたとするなら、この送迎は意味のあったものだと考えています。

やりがいを感じた事例２（利用者が前向きな気持ちを持てた事例）

田中さん（男性、40歳代後半）は、作業所が提供している作業を一生懸命取り組んでいるのですが、我流で作業を行い、不具合品を出すことがあります。職員が注意して作業手順を説明するのですが、その手順に納得せず、効率的に作業を遂行しようとする想いが強く、作業手順を工夫すべきだと主張するのです。

一方で、他の利用者の仕事ぶりを見て「いい加減な仕事しかしていない。ここは一体どうなっているのだ」「職員はもっとしっかりすべきだ！」と怒りを露わにすることもありました。一度興奮すると大声を出し収まりがつきません。些細なことがきっかけで、このようなことが週に1，2回起こるのです。そのため、他の利用者との関係が悪くなります。また、職員もいけないと思いつつ田中さんを避けてしまいます。

田中さんもそのことを感じているようで、ますます攻撃的な言動がエスカレートしてきます。一度興奮すると収まらないので私は田中さんを食堂に誘導し、話を聞き、作業所としての対応を説明しました。しかし、納得していただけません。

田中さんは、機嫌のよいときはいろいろ話かけてくださいます。「昨日○○へ遊びに行った。楽しかった」と笑顔で話をしてくださるのです。しかし、なにか気になることが起こると一気に興奮状態になり、自分の頑張りを職員はどう評価しているのだ、と詰め寄ってくるのです。職員のちょっとした一言で急に興奮しだしたので、職員は田中さんと話をするときは緊張し、ことばを慎重に選んでおり、リラックスした雰囲気ではなかったのです。私は田中さんの対応に困ってしまいどうすべきか、本当に悩みました。夢にまで出てくるのです。

この繰り返しのなかで分かったことは、田中さんは人とのかかわりを強く求めている、ということでした。作業所にどんなに不満があっても休むことはありませんでしたし、辞めるということを口にしたこともありませんでした。田中さんは一人暮らしで、友だちもいません。私たちの作業所の職員や利用者が数少ない話し相手だったのです。毎日、作業所から家に帰っても話し相手がおらず、テレビからの一方的な音声しか受け取っていないのです。だから、作業所ではいろいろな話をしてくださるのです。しかも、自分を理解して欲しいという想いが、「自分は一生懸命作業に取り組んでいるのに、職員はどう評価しているのか」といった形で表れてくるのです。しかし、コミュニケーションが批判的、攻撃的になっているため、他者との関係を悪くしているのです。

あるとき、田中さんが興奮状態になりつつも、「私は、あなたにこれだけのことを言うのは、あなたなら分かってもらえると思うからですよ」とおっしゃられたのです。そのとき私は、田中さんは私たちを信頼して下さっているにもかかわらず田中さんの辛い胸の内を理解できていないのは私たちなのだ、ということに気づかされたのです。

そこで私は、作業時間帯はできるだけ田中さんの傍について仕事をするようにしました。田中さんは作業中も色々な話を投げかけてきます。どのような工夫をして作業に取り組んでいるか、ご自身の生い立ちから病気になる前の仕事内容、亡くなられた奥さんのこと、作業所を利用するまでの経緯など、こと細かに話をしてくださるのです。

田中さんの傍について仕事をするようになって１カ月が経過したころです。田中さんは私に「私の言いたいことは一応聴いてもらえた。あなたも忙しいだろうから、自分の仕事をしたらどうだ。用事があるときに声をかけるから」とおっしゃったのです。それまでは、「私が困っている様子を見せたら、呼ばなくても来るのが職員の仕事だろ！」と言われていたのです。大きな変化です。

私が傍について話を聴いたことで、「聴いてもらえた、受け止めてもらえた」という安心感が出てきたのです。いったん受け止めてもらえたと思えると、何事にも批判的、攻撃的だった言動が徐々に肯定的、受容的に変わってきたのです。足の不自由な他の利用者の杖をさりげなく差しだしたり、他の利用者にも笑顔で話をしたりするようになってきました。職員との関係も良くなり、お互い冗談を言い合えるほどになりました。

田中さんは、作業所に作業目的だけでなく、良好な対人関係を築くことができ、居場所を見出すことができたようです。さらには、外部の方を招いたある行事で田中さんに利用者代表のあいさつをお願いすると、快く引き受けてくださり、ご自身で原稿を考え、とても素敵なあいさつとなりました。

苦労した田中さんとの関係作りも功を奏し、利用者に変化が見られたことに喜びを感じるとととともに、改めて対人援助職として利用者と向き合うことの大切さを実感しました（図表１－２）。

図表１－２　対人援助職として利用者と向き合うことの重要性

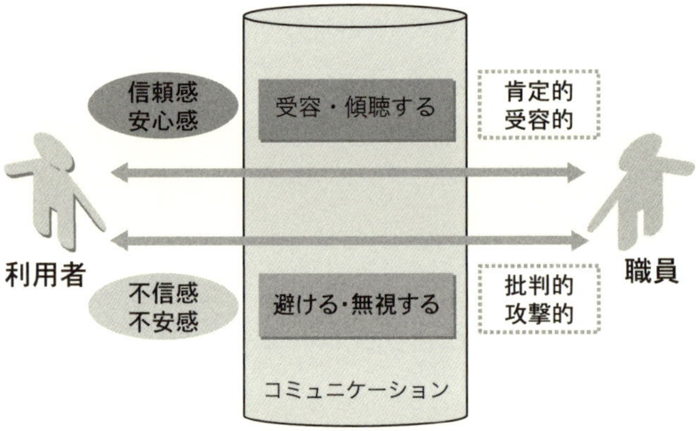

筆者作成

初心を忘れずに

これらの事例にみられるように、社会福祉の仕事は実に利用者の生活に大きくかかわり、影響を及ぼすものです。それだけ、重みのある大切な仕事だということです。今回紹介した事例は私の現場経験のほんの一部です。皆さんも同じように、あるいはもっと利用者の生命や生活に深くかかわる貴重な体験をしているのではないでしょうか。

社会福祉の仕事を始めた皆さんは、数ある職業のなかでなぜ社会福祉の仕事を選んだのでしょうか。ある団体が主催する新任職員研修の受講生にアンケートを取って聞いてみました。すると、さまざまな想いが浮かび上がってきました（図表1－3）。

図表1－3　社会福祉の仕事に就こうと思った動機

動機	
❖ やりがいがあるから	➡ 魅力　期待
❖ 人の役に立ちたいから	
❖ 利用者から得るものがあると思うから	
❖ かつて自分自身や家族が世話になったから	
❖ 福祉現場で働いている人の姿を見て魅力を感じたから	
❖ 人とかかわることができるから	
❖ 自分に適していると思うから	
❖ 自分の成長につながるから	
❖ 専門性を生かせると思うから	

出典：津田耕一『福祉職員研修ハンドブック』ミネルヴァ書房、2011、p. i

社会福祉の仕事に“魅力”を感じたり“期待”を寄せたりしています。皆さんもいずれかに該当するのではないでしょうか。この想いを持続させていくことが大切なのです。

また、社会福祉の仕事に従事して数年経過した読者の皆さんは、今の仕事に疲れていませんか。意欲をなくしていませんか、マンネリ化していませんか。そんなときは、初心に立ち返りましょう。

社会福祉の仕事に自信と誇りをもつことの大切さ

皆さんも自分の仕事に誇りをもってください。きっとやりがいを見出すことができると思います。日々の仕事は大変で、辛いこともたくさんあります。辞めたいと思うこともあるでしょう。理不尽さを感じたり報われないと感じたりすることの方が多いかもしれません。しかし、時折、「利用者や家族に喜んでもらえた」「利用者の生活に役立っている」「利用者に変化、成長が見られた」と感じたとき、それまでの辛さが吹っ飛んで、仕事に対する充実感ややりがいが一気に増してくるのです。この時折やってくる充実感ややりがいがあるからこそ、私たちは社会福祉の仕事を続けていける一つの大きな要因になっているのではないでしょうか。初心に立ち返って社会福祉の仕事を前向きに、そして、よりステップアップを目指した職員へと成長していきましょう。

第2講座

専門職としての社会福祉の仕事

一人の利用者を包括的に理解する社会福祉

社会福祉には社会福祉士、精神保健福祉士、介護福祉士、保育士、介護支援専門員、社会福祉主事などの専門職資格があります。一部の職種を除いて、これらの資格がなくとも、社会福祉の仕事に従事することが可能です。

利用者の生活を理解し、支援するには、社会福祉という狭い観点から捉えるのではなく、いろいろな観点から幅広く利用者の生活を理解することが大切となります（図表2－1）。

図表2－1　利用者の生活を包括的に理解する社会福祉

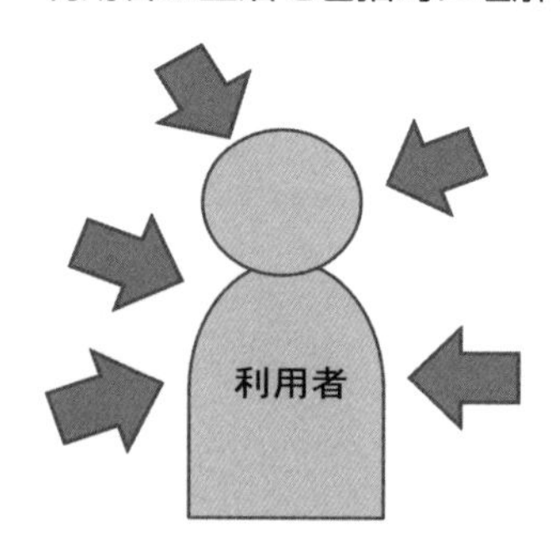

出典：津田耕一『福祉職員研修ハンドブック』ミネルヴァ書房、2011、p.3

ある特定の分野からの偏った見方ではなく、さまざまな経歴の職員や職種が集まっていろいろな考えのなか、利用者の生活を支援していくところに社会福祉の特徴があるといえます。よって、社会福祉、介護福祉、保育といった専門教育を受けていなくとも、特段の資格がなくとも、しっかりとした考えのもと、利用者支援に従事することは可能で、素晴らしい働きをしている職員は数多くいます。むしろ、貴重な存在ともいえます。

素人感覚は通用しない社会福祉の仕事

しかし、そのことは裏を返せば、社会福祉の仕事は素人でもできる、専門性は不要だ、といった誤った考えを植え付けかねません。結論から申し上げると、社会福祉の仕事は素人を売りにするものではありません。

社会福祉の仕事は、利用者の生活という幅広い分野にかかわっていく一方で、利用者の生活を左右するほど深くかかわっていく仕事です。単に職員の個人的な想いだけで利用者にかかわっているのではありません。どのような考えにもとづいて何を目指していくのかをしっかりと認識したうえで、一人ひとりの利用者の生活を支援しているのです。そこで、利用者支援の専門性が不可欠となってくるのです。

利用者は私たちの職員と同じひとりの人間

私たちの仕事は、利用者の生活を中心に考え、利用者の利益につながることを考えなければなりません。それらが脅かされそうになったり、脅かされたりしている場合は、しっかり利用者を護っていかなければならないのです。権利擁護といわれているものです。

利用者とかかわるうえで押さえておかなければならないことがあります。それは、利用者を特別な存在と見るのではなく、私たちと同じ一人の人間だという認識をしっかりともつことにあります。職員は、障害者、認知症高齢者、要介護高齢者とかかわるのではなく、一人の人間とかかわるということです。つまり、「人と人とのかかわり」なのです。

私は、大学で社会福祉を学び、就職したときに「障害のある利用者のためにいろいろなことをしてあげる職員になろう」と考えていました。しかし、これは今考えると大きな間違いだったのです。なぜなら、「障害のある利用者のために」という考えは、「障害」ということが先行してしまい、利用者を一人の人として理解するよりも、障害者として見ていたのです。単なる福祉の対象者としてしか見ていなかったのかもしれません。心身機能に障害があるから、できない人、助けの必要な人といった固定観念のもと、利用者とかかわっていたのです。このような考えは、私の態度で利用者に伝わっていたことでしょう。利用者からすると、「あの職員は所詮私たちを障害者としてしか見ていない」といった思いを抱いていたことでしょう。そこには、人と人とのかかわりができていなかったのです。本当の信頼関係を築くことはできません。

障害がある、要介護状態にある、生活困窮状態にあるということで、人間として劣った存在、福祉の対象者と見なしてしまうかもしれません。しかし、そうではありません。利用者は、生活の主体者であり、無限の可能性を秘めた存在なのです。利用者を否定的存在としてみるのではなく、肯定的な存在として理解しましょう。第８講座で説明する肯定的人間観にもとづくものです。

さらに、「何でもしてあげること」は、必ずしも良い支援ではないのです。その利用者にとって必要な支援を行うことが大切なのです。かかわりすぎ、やりすぎてもいけません。逆に利用者の主体性を損なうことにつながりかねません。

「何でもしてあげること」は必ずしも良い支援ではない

しっかりとした人権思想の大切さ

“個人の尊厳の尊重”といわれているように、利用者を一人の人間として、その尊厳を保つことができるよう、護り、支援することが私たちの仕事なのです。社会福祉は、憲法で規定されている「基本的人権」の尊重にもとづく利用者の人権思想に深く根づいた仕事であることを強く意識する必要があります。このことを蔑にすると、利用者の生命や生活を護ることはできません。

個人の尊厳、利用者の利益、権利擁護といった人権思想や肯定的人間観は、私たち社会福祉の仕事の原点であり、拠り所となるのです。このことを抜きに社会福祉の仕事は成り立ちません。利用者の生命や生活を護るとはどういうことかをもう一度考え直しましょう。

私たちの仕事の本質は利用者の生命や生活を護ること

皆さんは、「あなたの仕事はどのようなことですか？」と尋ねられたら、どう返答するでしょうか。日々の業務内容を思い浮かべた方もおられるでしょう。介護職の方は、日々の利用者の介護業務を思い浮かべたかもしれません。作業所の職員の方は、日々の作業の管理業務や利用者の作業訓練を思い浮かべたかもしれません。相談員の方は、相談業務や支援計画の作成を思い浮かべたかもしれません。そのほか、利用者の日常生活援助、レクリエーション活動、訓練活動などそれぞれの職種によって多様な業務があります。

しかし、日常業務の遂行が仕事の目的でも目標でもありません。私たちの仕事の究極の目的は利用者の生命や生活を護ることであり、目標は利用者の自立生活の達成や維持・継続にあるのです。そのための日常業務であり、その積み重ねを通して目的や目標に近づいていくのです。日々の業務が無事終われば、仕事が達成できたと思っていませんか。確かに、日々の業務を滞りなく遂行することは大切です。しかし、そのことに満足するのではなく、私たちの仕事の本質を再度確認しましょう。

日々の業務を単にルーティンワークとして遂行するのか、目的を意識しながら遂行するのかによって、業務の中身や取り組み姿勢が大きく変わってくるのです（図表２－２）。そう考えると、日々の業務は、利用者の個人の尊厳や自立生活支援につながる重要な仕事だということがお分かり頂けると思います。問題は、その重要性を理解できているかどうかです。

図表２－２　社会福祉における仕事の本質とは

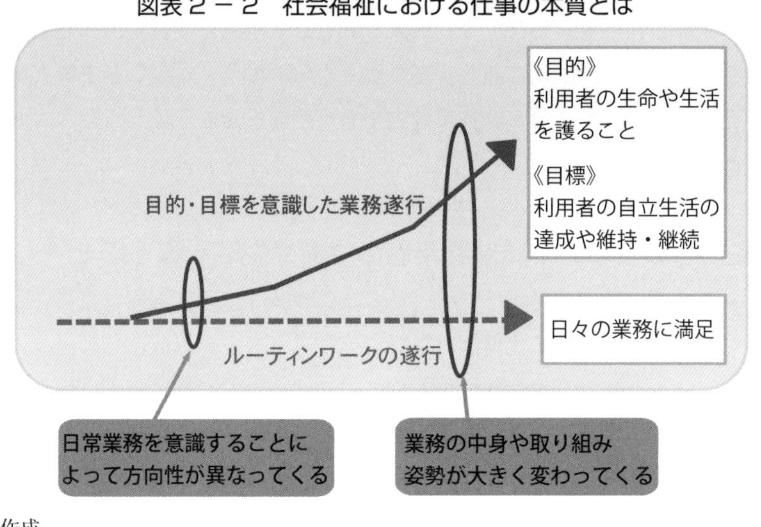

筆者作成

利用者の疾病や障害特性を理解することの大切さ

利用者を一人の人としてかかわっていくことが前提となりますが、単に一人の人としてかかわっているだけでは不十分なのです。利用者のさまざまな状態を理解し、その人にふさわしいかかわりが必要となってきます。認知症や発達障害、高次脳機能障害、脳血管障害など疾病や障害についての理解や適切な対応法が求められています。これらが不十分で、適切な対応ができず、誤った対応を続けていると、利用者が混乱し、落ち着いた生活を送ることができません。職員自身も適切なかかわりができないことで混乱し、ストレス状態となったり、虐待などの人権侵害を犯したりしてしまいます。

私が現場で働きだしたころ（1980 年代の中頃）は、認知症や発達障害、高次脳機能障害に関する研究はほとんど進んでいませんでした。これらの名前すら知りませんでした。自閉症については研究が進みつつある程度の印象しか持っていませんでした。ですから、当然、障害そのものや障害特性についての理解は不十分であり、どのようなかかわりがふさわしいのかといったかかわりの技法も未開拓の状態でした。そのため、疾病や障害特性を無視した不適切なかかわりをしていました。そして、社会に適応できない利用者の側に問題があるという認識がもたれていました。しかし、このことは一方的に福祉職員を責めるだけでは解決できない問題です。疾病や障害特性に関する研究が進んでいなかった故の結果だったのです。

近年、認知症や発達障害、高次脳機能障害に関する研究が進められ、疾病や障害特性を理解したうえでのかかわり方も徐々に解明され、実践されるようになってきました。現段階ではまだその途上にあるといえます。今後､研究の成果をしっかりと学び、実践を深めることが大いに期待されています。私たちには、疾病や障害特性を理解し、利用者という人となりを理解したうえで、適切な対応を行うための専門的な知識や技術の習得が不可欠です。

社会福祉の仕事は専門職

これまで述べてきたように、しっかりとした人権思想や肯定的人間観のもと、疾病や障害、障害特性に関する知識を有し、利用者と適切なかかわりを行うという技法がまさに求められているのです。また、利用者の生活にまつわる社会福祉、社会保障、医療などの制度やサービスに関する知識や情報も不可欠です。私たちの支援のありようによって利用者の生活が大きく変わってくることもあります。このことからも、社会福祉の仕事は素人感覚でできるものではないことがお分かり頂けると思います。まさに、私たち社会福祉の仕事は専門職なのです。ご自身の仕事に誇りを持って取り組みましょう。

プロになるということは、必ずしも先ほどあげた社会福祉関連の有資格者に限定されるものではありません。むろん、資格を有し、専門職としての自覚を持って仕事に従事したり専門性を深めたりすることは意味のあることです。しかし、有資格者であっても専門職だと言い切れません。一方、無資格であっても専門職として立派に働いている職員もいます。重要なことは、資格の有無よりも職員としてどのような働きをしているかということです。

また、利用者支援の専門性とは、専門性を振りかざして権威的に振る舞うことではありません。利用者が自分自身の生活の主人公として生活を送ることができるよう、利用者を中心に考えた生活を送ることができるよう支援することなのです。第３講座で説明する専門性を身につけるよう努力し、利用者の生命や生活を護るプロを目指しましょう。

第3講座

利用者支援の専門性

利用者の生活は利用者自身のもの

第1講座で説明したように、社会福祉の仕事は、介護であれ、相談支援であれ、日常生活援助であれ、療育、保育であれ、作業活動であれ、利用者の生活と大きくかかわっています。利用者の生活と大きくかかわっている社会福祉の仕事は、幅広いものであり、特定の分野において明確なゴールが設定されているものはあまりありません。漠然としたものといえるでしょう。かつては社会福祉の仕事は日常のお世話、といったイメージが強かったのかもしれません。

しかし、一見単なるお世話に思える仕事にも実は利用者の生活に深くかかわる大切な業務が多く含まれているのです。職員のかかわり方如何によって利用者の生活を大きく左右してしまうのです。利用者の生活を中心に考え、業務に従事することがとても重要なのです。いわゆる利用者本位といわれているものです。職員の都合を優先した業務や職員の利益を優先した業務にならないよう、くれぐれも注意する必要があります。

多くの福祉職員は、自分の都合や利益を優先しようとは思っていないでしょう。「利用者の生活のために」と思って仕事をしているのです。ところが、少ない職員数のなか多くの業務が課せられており、慌ただしく動いています。限られた時間のなか、多忙な業務を遂行しなければならないため、職員主導で物事を進めてしまう危険があります。業務優先になっていませんか。また、利用者とのかかわりにおいても、日々の決められた日課を遂行することを優先していまい、利用者を置き去りにしていませんか。

業務優先のため利用者としっかりかかわることができない

職員主導で物事を進めた方が、効率的、

効果的に見えるかもしれません。しかし、利用者の生活は利用者自身のものです。決して私たち職員のものではありません。職員主導だと、利用者はいつまでたっても与えられる存在、してもらう存在でしかないのです。いわば、受け身の存在となってしまい、主体性は育まれません。

知らず知らずのうちに本質を忘れてしまったり、分かってはいても日々の業務に流されてしまったりするのです。ここに福祉職員が陥ってしまう落とし穴があるのです。職員の一方的な想いだけで物事を進めていくのは結果的に利用者不在となってしまいます。ときには、「虐待」などの権利侵害をしていることもあります。そうなると、利用者の生活が脅かされるとともに職員自身も辛い思いをしなければなりません。

社会福祉の仕事には専門性が必要

私たちは、利用者支援について、その場その場で考えて判断しながら業務を行っていきます。その判断の基準となるのが、利用者支援の専門性なのです。職員という人がいろいろなことを考え、判断する際、どうしてもその職員の価値基準で判断してしまいます。しかし、個人の価値観で物事を判断することは危険です。なぜなら一職員個人の価値判断だけでは職員の都合で決めたり、偏った見方になったりするからです。そして、それぞれの職員が異なった価値観で利用者とかかわるなら、統一した支援とならず、ちぐはぐなものとなってしまいます。利用者支援の本質とはかけ離れたかかわりになってしまう恐れがあります。

利用者支援の価値と職業倫理

そこで、利用者支援の価値や職業倫理が重要となるのです。川村隆彦は、価値と倫理を次のように説明しています。

> 価値は、ソーシャルワーカーが目指すべき理想や信念であり、人や社会をどのように見るべきかという人間観、社会観を表したもの、倫理は、価値（理想や信念）を実現するために果たすべき責任である。そして、倫理は価値を根拠として、また価値を体現するものとなる。

利用者支援の価値とは、「利用者支援を行ううえで最も根底にある拠り所となる大切な考え」という意味です。倫理とは、「物事の善し悪しの判断基準」といった意味です。利用者支援の価値を根底に、具体的に福祉職員がどう振舞うべきかを表した職員の行動規範が職業倫理なのです。そして、具体的に各専門職がどう振る舞うべきかを規定したのが倫理綱領です。

職員は、一人の人間であると同時に福祉の専門職です。専門職としてどうあるべきか、どう振る舞うか、といった拠り所となるのが利用者支援の価値や職業倫理といわれているものなのです。価値は福祉専門職としての信念や考えのなかにあり、職業倫理は福祉専門職の具体的な行動のなかにあるとされています（北島英治）。よって、利用者支援の価値と職業倫理は一体になっています。

価値や職業倫理の重要性

私たちは、利用者の生活に深くかかわっています。利用者は、職員だから信頼して、人に知られたくない個人情報を提供したり、人間としての弱さをさらけ出したり、生活のある部分を職員に委ねたりすることもあるのです。委ねざるを得ないのかもしれません。とくに、認知症の利用者、知的障害の利用者など判断能力が不十分で生活の多くの部分を職員に委ねざるを得ない利用者の場合、職員の対応によって利用者の生活が大きく左右されます。

それだけ、職員は利用者にとって重要な存在なのです。その弱さにつけ入るようなことをしたり、職員の利益のために利用者を利用したりしてはならないのです。ところが一歩誤ると、利用者の権利利益を侵害してしまうという危険性もあるのです。

また、支援に従事している職員は、人それぞれ個々人の価値観や人生観があります。生身の人間同士のかかわりである利用者支援において職員の価値観や人生観が支援に反映されるのは当然のことです。しかし、職員個人の価値観や人生観だけで支援が展開されると、大きな過ちを犯してしまいます。たとえば、職員誰もが、「利用者の人権は大切だ」と思っているでしょう。しかし、各職員の想いだけでばらばらに仕事をしていては組織としてまとまりません。誤った方向に向かっていても誰も止めることができません。職場として、利用者支援の本質を大切にした支援を実践していかなければならないのです。

そこで、福祉専門職である職員には利用者支援の価値や職業倫理が不可欠となるのです。高い倫理観にもとづいて支援のあり方を振り返ったり見つめ直したりするのです。そのために職員の行動規範としての倫理綱領があるのです。職場としての支援の方針や具体的なかかわりが見えてくるのです。

利用者支援の価値や職業倫理がしっかりと身についていると、その場その場の目先の問題にとらわれることなく、本来、支援としてどうあるべきか、職員としてどう振る舞うべきか、本質を見誤ることなく自然な形で表れてくるのです。しかも、職員個々人の考えや判断ではなく、専門職としての判断となるのです。

私は、利用者支援の価値や職業倫理は、建物に例えるなら、土台だと考えています。建物の土台がしっかりしていないと、外見が美しくとも、何か事が起こると建物はすぐに倒壊してしまいます。土台がしっかりしていると、少々のことが起こっても建物はびくともしません。外見に惑わされることなく、しっかりとした建物をつくるには土台作りが大切なのと同様に、職員としての働きの土台となる利用者支援の価値や職業倫理をしっかりと身につけましょう。

利用者支援の専門性を構成する要素

利用者支援の価値や職業倫理を土台に専門的知識や専門的技能が付加され、利用者支援の専門性が成り立っているのです（図表３－１）。では、具体的に利用者支援の専門性とはどのような内容を指すのでしょうか。利用者支援の価値として、まず利用者一人ひとりは大切な存在、価値ある存在であるという「個人の尊厳」が根底にあるということです。すなわち、人権思想をしっかりと持つことです。そして、利用者は劣った存在やできない人ではなく、秘めた可能性や潜在的能力を有する存在であるという「肯定的人間観」にもとづいた考えです。

職業倫理として職員は、利用者の権利利益を優先に考え、利用者を受けとめ、利用者の意思を尊重したり意思を引き出す支援を行ったり、個人情報などの守秘義務が課せられたりします。まさに利用者の権利擁護なのです。権利擁護とは、利用者が権利侵害を受けないよう予防したり護ったりすることであり、利用者の権利を実現できるよう支援したりすることです。ときには、利用者の代弁者となって、利用者の権利を主張することも求められます。

そのうえで、図表３－１に示した専門的知識や専門的技能の習得が必要となるのです。

図表３－１　利用者支援の専門性の構成要素

専門的知識	専門的技能
①社会福祉の理論に関する知識（社会福祉の意味や社会福祉の固有性に関する知識）	①援助関係構築・促進のためのスキル（コミュニケーションや面接スキル）
②社会福祉援助に関する知識（社会福祉援助の意味、モデルやアプローチ、支援の展開過程に関する知識など）	②利用者の状況に対する理解と援助スキル（対象を理解するためのスキル、社会生活上の困難を認識するスキル、個人やグループの主体性のスキル）
③利用者に関する知識（認知症や脳血管障害などの障害に関する知識、薬に関する知識、児童領域であれば発達心理学など利用者理解を深める知識など）	③生活支援としての環境へ働きかけるスキル（社会資源の調整・開発や政策へと働きかけるスキル）
④社会福祉制度や社会資源に関する知識（業務に関する社会福祉制度や利用者が関係する社会福祉法制度に関する知識、地域に存在する社会資源など）	④対人援助専門職としての活動を支えるスキル（職務の適切な遂行のためのスキル）

利用者支援の価値と職業倫理

価値：個人の尊厳、人権尊重、利用者の潜在的能力や変化の可能性の絶対的信頼
職業倫理：権利擁護、利用者の利益の優先、受容、意思の尊重、守秘義務

出典：『福祉職員研修ハンドブック』p.10 をもとに加筆修正

人権と利用者の権利

利用者の個人の尊厳を順守していくために人権尊重があり、そして具体的に一人ひとりの利用者の権利利益を護っていくことが利用者支援の価値としてとても重要なのです。人権とは、人間が生まれながらにしてもっている権利を指します。これは、ただ人間であるという根拠だけに基づいて保障されるもので、決して否定されたり奪われたりするものではないのです。まさに、第２講座で説明した個人の尊厳なのです。個人の尊厳とは、「人は尊く厳かな存在で、大切な存在」だということです。

権利とは、「物事を自分の意志によってなしうる資格」「ある利益を主張し、それを受けることの出来る力」（三省堂国語辞典）という意味です。私たちは共通して基本的人権、生存権、幸福追求権、労働権、教育権、選挙権などが憲法で保障されています。それらに基づいて、人それぞれさまざまな権利が保障されているのです。

利用者にも当然、一人の人としての権利が保障されています。一人の人として生活していくうえで、さらには施設・事業所を利用するうえで、さまざまな権利が保障されているのです。ところが、利用者が何らかの理由で有する権利を行使することができず、実現できない危険性がある場合や実際に実現できていないことがあります。このような場合、利用者の権利を実現できるよう支援していきましょう。これが権利擁護と言われているものです。

権利とは、利用者の想いがあり、その想いを主張するところから始まります。そこで、利用者の権利を実現していくにあたって、第13講座で説明するように、利用者の想いを引き出し、尊重していくことがとても大切となってくるのです。利用者が自らの意思を表明することは、ある意味権利主張であり、その権利主張を支援することも権利擁護と言えます。自ら意思表明の困難な利用者に対しては、職員は利用者の立場に立って、利用者の権利をしっかりと護っていくことが求められるのです。利用者の人権尊重と権利擁護は、利用者支援の根底にある考えであるということを何よりも肝に銘じておかなければならないのです。

利用者支援の価値や職業の習得過程

私たちは、利用者支援の価値や職業倫理を身につけるためにはどうすればよいのでしょうか。図表３－２の流れに沿って身につけましょう。

何事も常に意識しながら業務に携わることにはおのずと限界があります。最初はしっかり意識しながら業務に携わっていても、慣れてきた頃におろそかになります。そこで、時折、振り返り、再認識しながら日々の業務を行いましょう。この繰り返しを通して、徐々に利用者支援の価値や職業倫理が自分自身の仕事に対する信念や考えのなかに浸透していくのです。利用者支援の価値や職業倫理の重要性を認識できているからこそ、自分自身の支援の在り方を振り返ることができ、職員個人の価値観だけでなく、利用者支援の価値や職業倫理という専門性にもとづいた思考や行動を身につけていくことができるようになるのです。そして、自然と利用者支援の価値や職業倫理にもとづいた考え、判断、行動ができるようになってくるのです。

図表３－２　利用者支援の価値や職業倫理の習得過程

①段階	・利用者支援では、利用者支援の価値や職業倫理が根底にあり、極めて重要であるということを知ることです。
②段階	・価値や職業倫理といったことばの意味を理解することです。
③段階	・利用者支援の価値（人権思想、個人の尊厳、潜在的可能性や変化の可能性）や職業倫理（利用者の生活や権利利益の擁護、意思の尊重、守秘義務）はどのような内容なのかを知識として得ることです。
④段階	・どのような考えが利用者支援の価値にもとづいているのか、どのように行動することが職業倫理にもとづいているのかを考えることです。
⑤段階	・利用者支援の価値や職業倫理を意識しながら業務に携わることです。
⑥段階	・時折、自らの業務を振り返り利用者支援の価値や職業倫理に反していないかを確認することです。
⑦段階	・自らの業務が利用者支援の価値や職業倫理にもとづいていると自信を深めたり、必要に応じて軌道修正したりすることです。
⑧段階	・徐々に、利用者支援の価値や職業倫理が自分のものとして浸透していき、それほど意識しなくても利用者支援の価値や職業倫理にもとづいた思考や行動ができるようになります。
⑨段階	・浸透してからも時折、振り返り、より深く身につけていくことです。

筆者作成

利用者支援の価値や職業倫理は、その必要性や具体的内容についての知識を有しているだけでは不十分です。知識があることと実際に利用者支援の価値や職業倫理にもとづいた考えや行動ができることとは別です。とっさのときには、目の前の問題にとらわれたり職員個人の価値観が強く出てしまったりします。じっくり時間をかけて身体のなかに浸みこませていくものなのかもしれません（図表３－３）。

図表３－３　利用者支援の価値・倫理にもとづき業務を行い、
振り返り・再認識しながら浸透させていくことの重要性

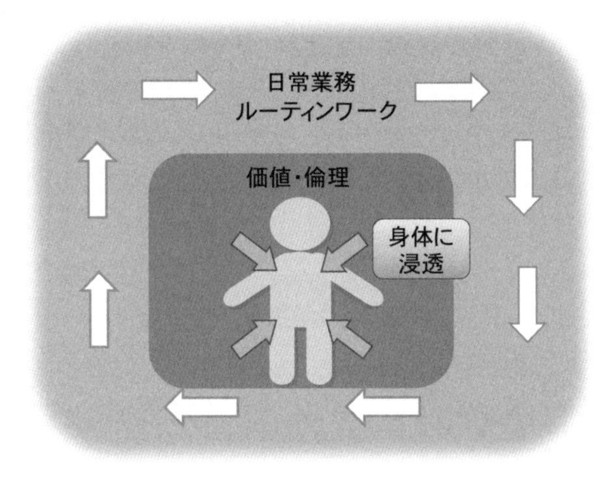

筆者作成

職員一人ひとりの持ち味も大切

職員が利用者支援の価値や職業倫理を身につけたとしても、すべての職員が全く同じ考えで、同じように行動するとは限りません。利用者支援の価値や職業倫理を踏まえつつも、職員一人ひとりの解釈は異なってきます。また、具体的な場面での支援の内容も職員によって異なってきます。当然のことでしょう。われわれ職員はロボットではありません。利用者支援の価値や職業倫理と職員のこれまでの経験から培われた人生観や価値観とが相まって、それぞれの職員の考えや判断、具体的な行動となって表れてくるのです。いろいろな考えがあってよいのです。利用者支援の価値や職業倫理を踏まえ、それぞれの職員が考えた支援を実践していくからこそ、心通った温かな支援につながっていくのです。

利用者支援の考え方

第４講座　処遇から援助、支援へ

第５講座　支援の意味と具体的内容

第６講座　自立生活支援

第７講座　利用者の抱える生活上の問題

第８講座　肯定的人間観

第９講座　エンパワメントとストレングスの考え方

第4講座

処遇から援助、支援へ

処遇の意味

「利用者支援」ということばは、1980年代半ばころまでは「処遇」といわれていました。利用者は心身機能に障害があったり、要介護状態にあったり、要援護状態にあったり、経済的困窮に陥っていたりして、生活困難な状況にあり、自力で生活できない人とみられていました。しかも、その主な要因は、一部虐待問題など利用者の権利侵害を除き、利用者自身にあると見なされていたのです。つまり、問題の所在は利用者自身にあるという考えがなされていました。そこには、利用者を自分でできない人、欠けているところがある人といったレッテルが貼られ、人間として劣った存在といった誤った認識を植え付けてしまったのです。

問題を解決・改善するには、利用者自身が問題を克服しなければならないと考えられていました。利用者は、訓練、指導、教育が施され、自立を目指したのです。自立できていない利用者に対して、保護、管理したのです。これらを総称して処遇と呼んでいました。処遇の根底にある考えは、利用者を欠けている存在、劣った存在と見なし、できないところに焦点が当てられ、できないことをできるようになって初めて利用者の生活が成り立つ、というものだったのです。

処遇の問題

しかし、利用者のできないところに着目し、そのことの克服に焦点が当てられた処遇にはいくつもの問題点が指摘されるようになりました。職員主導であること、利用者の人としての尊厳が十分認識されていないこと、利用者が変わることだけでは問題解決につながらないことも多くあることが指摘されるようになりました。

利用者の生活は利用者のものであって、職員のものではありません。職員が主導権を握るのではなく、利用者自身がどのような生活を送りたいのか、どのような支援を求めるのかといった利用者の想いを大切にすべきなのです。利用者を劣った存在とみなすのは、差別・偏見を助長する危険性があり、基本的人権の尊重に反することであり、個人の尊厳を保つことにはなりません。

利用者の生活上の問題は利用者自身に起因するものばかりではありません。私たちの生活を振り返ってみても、私たちを取り巻く様々な環境によって私たちの生活は大きく影響を受けています。環境が良くなることで生活状況は良くなります。一方、環境が悪くなることで生活状況は悪化します。

レッテルが貼られて私の尊厳が十分尊重されていないよ！

環境とは

環境とは、どのような意味なのでしょうか。環境を国語辞典で引いてみると、「あるものをとりまいている周囲のようす。まわりの物や状態。境遇」（旺文社国語辞典）と載っています。そして、「そのものをとりまく外界（それと関係があり、それになんらかの影響を与えるものとし見た場合に言う）」（三省堂国語辞典）とされています。

いわば、その人を取り巻く状況で、その人に影響を与えるものを指します。あるいは、その人が置かれている境遇を言います。具体的には、世の中の仕組み、建物や街の構造といった物理的なもの、空間、照明、湿度、温度、地形や気候などの自然環境、社会福祉・医療など社会保障制度や具体的なサービス内容、社会福祉関連の社会資源、家族や職場の同僚・友人・近隣住民・ボランティア・職員・他の利用者といった人、地域特性、文化・風土・風習、経済状況、衣食住の状況、置かれている立場などが挙げられます。

エコロジカル・アプローチ

人間と環境との関係のなかで生活上の問題を考えているのが、ソーシャルワークのエコロジカル・アプローチです。私たち人間は、生活の主体者であるという考えです。そして、私たち人間は、生活を営むうえで、自分自身を取り巻いている環境と密接な関係にあります。

エコロジカル・アプローチは、生態学の考えを用いたものです。分かりやすく言い換えると、私たち人類は、環境にうまく適合し、ときには環境を人類によりふさわしいもの変えてきました。人間には、環境に馴染むあるいは環境を自分たちにふさわしいものに変えていく力があると考えられています。この力があったからこそ、人類は飛躍的に発展したのです。しかし、環境に馴染むことができず、自分に合わせることができないでいると、不適合を起こしてしまいます。

川村隆彦は、エコロジカル・アプローチを説明する際、次の例を紹介しています。

【魚と池の物語】ある日、汚れた池で弱った魚を捕まえた。その魚を家に持ち帰り、きれいな池で餌を与えると、元気になった。そこで魚をもう一度、元の池に戻すことにした。その池が、汚れたままだったことにためらいはあったが、魚を池に戻した。すると数日後、その魚は池の中で死んでいた。

汚れた池は魚にとってふさわしくなかったのです。だから弱ってしまったのです。汚れた池から魚を取り出して元気にして元に戻しても、汚れた池が以前のままだと魚はやはり弱ってしまうのです。

環境との関係のなかで生活する私たち人間

この例を利用者の生活に置き換えて考えてみましょう。知的障害の北角さんと高木さんは、障害者の就労移行支援事業所で就労に必要な作業技術や社会性、生活習慣、対人関係能力習得の訓練を受け、企業に就職しました。二人とも念願が叶って意気揚々と就職していったのです。ところが二人の就労後の生活は全く異なったものとなってしまったのです。

北角さんの就職先の社員さんたちは、何かと北角さんのことを配慮してくれました。人間関係も良好でした。北角さんもすぐに溶け込み、与えられた仕事に意義を感じ、積極的に仕事に従事してきました。周囲から高い評価を受けるようになりました。

一方の高木さんの就職先の社員さんたちは、高木さんを小馬鹿にしたり無視したりして冷たく当りました。最初は高木さんも自分から挨拶したり仕事で分からないことがあると周囲の社員さんに質問したりしていたのですが、相手にしてもらえません。やがて髙木さんは、表情が暗くなり社員の誰とも話をしなくなりました。仕事で分からないことがあっても誰にも相談できず、ミスが目立つようになりました。

そうすると、周囲からさらに冷たい目で見られたり批判されたりするようになりました。髙木さんは、徐々に元気がなくなり、仕事に対する意欲がなくなってきました。やがて、体調を崩し、会社を休みがちとなってしまい、さらには、会社を辞めてしまったのです。退職した後、何もすることなく、ぶらぶらと過ごしているとのことでした。

せっかく訓練を積んで就職したのですが、就職先の受け入れ体制が不十分でした。社員に障害者に対する理解が乏しく、きつく当られたようです。社長さんも十分なフォローをしてくれなかったようです。就労移行支援事業所や就労支援に携わった専門職も十分フォローできていなかったのです。

北角さんと髙木さんの例から、いかに周囲の環境が大切かお分かり頂けたと思います。周囲の環境に働きかけようとしてもそれができないとなると、無力感に陥り、適合できなくなってしまうのです。人間には自分にとって快適な環境を作り出すべく、環境に働きかけ改善していく力があるといわれています。しかし、環境を変えていこうとする力以上に環境の状況が強固なものだと、環境を変えることが難しいのです。そうすると、環境に馴染めず、いろいろ不都合が生じてきます。周囲の環境によって2人の就職後の生活は随分と異なってしまったのです。

今回は、周囲の人という人的環境を中心に説明しましたが、物理的環境、空間、制度やサービスなど利用者を取り巻くさまざまな環境でも同じことが言えます。このように、利用者と利用者を取り巻く環境との調和

どんなにやる気を出しても周りの環境が
悪ければダメになってしまう

がとても大切なのです。

利用者を取り巻く環境との調和

利用者が変わることばかり目を向けていても、支援がうまく進まないことがお分かり頂けたでしょう。利用者を取り巻くさまざまな環境との調整は極めて重要なのです。この、人とその人をとりまく環境との関係性が良好であれば生活は順調ですが、摩擦や葛藤が生じると、そこにさまざまな問題が生じてくるのです。利用者の生活上の問題とは、利用者と利用者を取り巻く環境との関係がうまく調整できているか否かで考えるべきです。私たちの仕事の焦点は、利用者と利用者を取り巻く環境との調和にあるといえます。

支援ということば

これらの考えのもと、指導、教育、訓練といった職員主導で利用者を変えることに主眼を置いた処遇の考えを改め、利用者が主人公となれるよう、援助ということばが用いられるようになりました。さらに、利用者が主人公であるという認識をより強くするために、支援ということばが用いられ、現在では支援が定着しています。

支援ということばには、個人の尊厳や利用者の生活上の問題を利用者と利用者を取り巻く環境との関係のなかで理解しようとする考えにとどまらず、利用者という一人の人間をどのような存在と見るのかといった人間観とも大いに関係しています。第８講座で説明していますが、人間の秘めた可能性や潜在性に着目し、主体性を兼ね備えた存在であるという肯定的人間観が大きく影響していると思われます。利用者を単に福祉サービスを受ける受け身の存在とみなすのではなく、能動的・主体的存在であるとの理解のもと、利用者の生活は利用者自身が主人公であるという考えが基本となっているのです。そこで、その主人公である利用者を私たちがいろいろな形でサポートするという意味で支援という考えが主流になってきたのです（図表４－１）。

図表４－１　支援の考え方

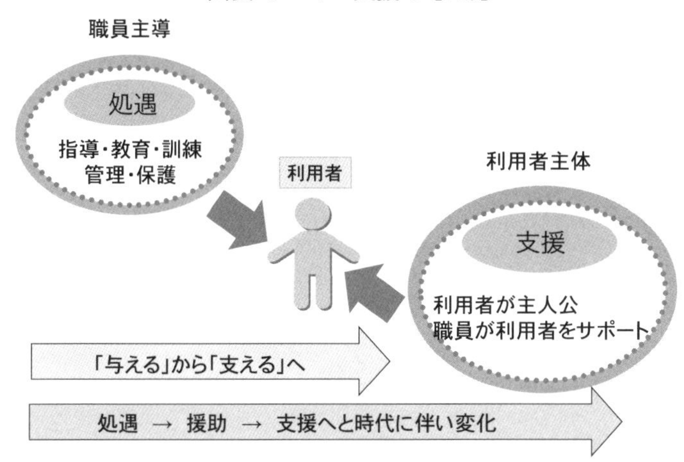

筆者作成

職員の役割

支援の時代に求められる職員は利用者にとってどのような存在なのでしょうか。職員の基本的なスタンスとしては、「利用者とともに」です。職員が立場上、上に立つというものではありません。利用者の状況や抱えている生活上の問題の内容や質によって、支援の内容や職員のかかわり方は異なります。「利用者とともに」というスタンスを保ちつつ、ときには指導的な役割を担ったり、相談に乗ったり、見守ったり、励ましたり、支持したり、代弁・代行したりして利用者の生活を支援するのです。

第５講座

支援の意味と具体的内容

支援の意味

第４講座で説明した支援とはどのような意味になるのでしょうか。ここでは、次のように捉えることとします。支援とは、職員が主導権を握って一方的に利用者の問題を解決・改善したり、生活を方向づけたりするのではなく、利用者が主人公であるという考えが根底にあります。利用者の意思を最大限尊重するという利用者主体にもとづいています。そして、利用者が生活上の問題を解決・改善できるよう利用者の有する能力や可能性を引き出し、発揮できるよう支えていくことです。利用者が意思決定できるよう支援したり、代弁者となって利用者の権利を護ったりします。利用者が困難な状況に直面したときは、乗り越えられるよう困難な部分を援助します。また、日常生活を円滑に送れるよう、その時々に応じたサービスを提供することも支援に含まれます。

さまざまな内容を含む支援活動

次の事例を読んで、皆さんはどのような支援が必要だと考えるでしょうか。頭の中でイメージしてみてください。できるだけ多く思いついたものをメモしてみましょう。

事例：井本一郎君（小学校３年生、男子）は、ある日の授業中にトイレを我慢できなく、お漏らしをしてしまった。そのことをきっかけにクラスの笑い者にされ、クラスメートからからかわれるようになった。井本君は、お漏らししてしまったことを大変恥ずかしく思い、ましてやクラスメートからからかわれることから、学校を休みがちとなってしまった。心配した担任が井本君宅を訪問するが、井本君は、「学校に行きたくない」と言って部屋に閉じこもったままである。さて、このような井本君に担任としてどのような支援が考えられるだろうか。

いかがでしょうか。どのようなことを思い浮かべたでしょうか。一例を紹介しましょう。

担任は、

1. 何度も家庭訪問を続け井本君との接触を保つ、井本君に保健室でいいから登校してみないかと促す、家庭訪問して個別に授業を行う、話し相手となる、井本君に担任としてクラスでの対応が不十分だったと謝る、いきなりは無理をせずしばらく落ち着くまで様子を見る
2. 心理専門のカウンセラーに相談する、クラスみんなで話し合いをする、井本君の親と話し合いをする
3. 仲の良かったクラスメートに井本君宅を訪問してもらう、心理専門のカウン

セラーに井本君宅を訪問してもらう

1.は、井本君に直接働きかけていく支援です。一方の2.は、井本君の周囲にいる人たちに働きかけたり井本君の周囲にいる人たち同士で対応を考えたりしていこうとしています。3.は、井本君と周囲の人たちとをつなげようとしています。このように見ていくと、支援とは利用者に直接働きかけていくものばかりではありません。利用者を取り巻く周囲の人たちに働きかけていく支援や利用者が安心したり快適な状況をつくったりする支援も大切であることが分かります。

利用者に直接働きかける支援と環境に働きかける支援

皆さんの支援を振り返ってみましょう。利用者の支援計画やケア計画を再度見て下さい。利用者に直接働きかける支援計画と利用者を取り巻く周囲に働きかける支援計画とに整理して下さい。いかがでしょうか。利用者に直接働きかける支援方法が圧倒的に多くなっていませんでしたか。利用者支援は利用者に直接働きかける支援と利用者を取り巻く周囲に働きかける支援とがあり、両方のバランスがとても大切なのです（図表５－１)。

図表５－１　利用者への働きかけ、環境への働きかけ、利用者と環境との調和

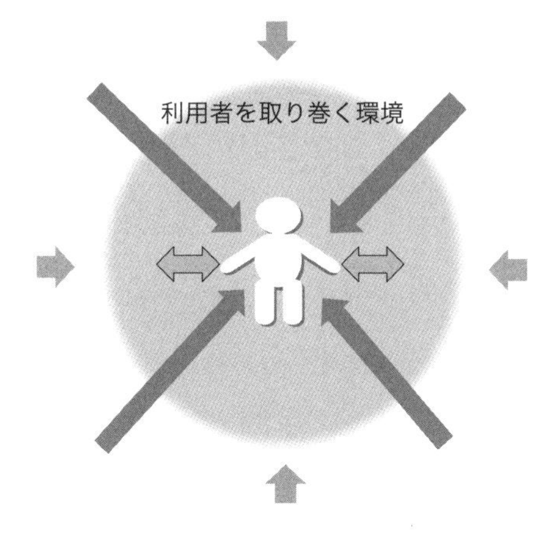

筆者作成

第４講座の魚の例で説明したように、私たちの生活上の問題は自分を取り巻く環境との関係が大きく影響しています。そこで、利用者支援においてもこの考えをもとに支援計画を立てていく必要があります。そこで、支援を考えていくにあ

たって、幅広い視野を持って利用者を取り巻く環境との調整を図りつつ、環境との調和を目指していきましょう。

さらに、第７講座で説明する利用者の生活上の問題は、実は利用者にとっての生活のしづらさなのです。利用者の立場になって、利用者にとっての生活のしづらさはどのようなものかを考えてみましょう。「○○があればいいのに」「○○があるからしんどい」「○○ができればいいのに」「○○がもっと□□となればいいのに」など、利用者の世界が少しは見えていろいろな支援が思い浮かぶことでしょう。

支援の具体的内容

利用者の抱える生活上の問題や利用者の問題解決力は一人ひとり異なっています。また、生活上の問題や利用者の状況も常に一定ではありません。利用者一人ひとりのその時々に応じた支援の姿は当然異なってきます。決して一律のものではありません。

したがって、支援の具体的内容としては多岐にわたっています。とりわけ、施設・事業所が提供する支援の中身として次のような内容が考えられます。

①利用者や家族の抱える生活上の問題に対する相談業務
②介護サービス、家事援助、日常生活援助、創作活動、レクリエーション活動、作業の提供など具体的な福祉サービスの提供
③さまざまな福祉関連の情報提供
④日常生活に必要な事柄の代行や代弁
⑤スキルアップ（社会性や対人関係能力、作業技術、ADLの向上など）のための訓練
⑥見守りや心理的サポート
⑦虐待など緊急時の積極的介入
⑧利用者を取り巻く人々や団体に対する理解の促進と関係者間のネットワークづくり
⑨利用者と利用者を取り巻く人々や団体、制度やサービスとの関係調整

訓練も支援の一部

このように見ていくと、処遇時代の訓練が支援にも含まれているのではないか

と疑問を持たれたかもしれません。私たちは、ひとりの人として日常生活や社会生活を営んでいくうえで当然守るべきルールがあり、身につけるべき知識やスキルがあり、他の人との関係を保っていかなければなりません。そのためには、様々な形で教育を受けたり訓練を受けたりすることで、自分自身の成長を促していきます。これによって、社会の一員として生活を営んでいくことができるのです。

利用者も同じです。一人の人として生活していくうえで身につけるべきルール、知識やスキル、対人関係能力があります。状況によって訓練は必要なのです。また、心身機能の向上や維持によって利用者自身の可能性や世界が広がります。しかし、訓練を通して利用者の変化だけを求めることのないよう十分肝に銘じておくべきです。

支援の３類型

ここで支援の内容を整理してみましょう。支援の内容は大きく３つに分類することができるといえます（図表５－２)。第１は、①～⑥の利用者に直接働きかける支援です。第２は、⑦の利用者を取り巻く環境に働きかける支援です。第３は、⑧の利用者と利用者を取り巻く環境との関係調整です。

図表５－２　支援の３類型

支援の類型	支援の内容
利用者に直接働きかける支援	相談、具体的福祉サービスの提供、情報提供、スキルアップのための訓練・教育、見守りや心理的サポート、積極的介入
利用者を取り巻く環境に働きかける支援	利用者を取り巻く人々や団体に対する理解の促進と関係者間のネットワークづくり
利用者と利用者を取り巻く環境との関係調整	利用者と利用者を取り巻く人々や団体あるいは制度やサービスとの関係調整、代弁行為や代理行為

筆者作成

私たちが問題とすべきことは、利用者自身の心身機能の状況だけに焦点を当てるのではなく、利用者にとっての生活のしづらさがあるということです。つまり、利用者にとっての生活上の問題なのです。問題とは、利用者と利用者を取り巻くさまざまな人、制度・サービスなどの環境との関係がうまく調和できておらず、葛藤状態にあることを指します。

そうすると、問題の解決・改善には利用者に働きかけることも必要ですが、利用者を取り巻く環境に働きかけることも必要となります。さらには、利用者と利用者を取り巻く環境との調整を行うことも重要であることがお分かり頂けたでしょう。このように、3つの観点から利用者支援を考えるべきでしょう。

変化する支援の内容

支援の内容は、常に固定しているのではなく、利用者の生活上の問題に応じて柔軟に実施されるべきものです。どのような状況でどのような支援を実施するのが最も適切か、十分なアセスメントが不可欠です。ある障害者支援施設の利用者を通して考えてみましょう。利用者の有する能力、障害状況などを勘案すると、一人ひとりの利用者に対して異なった支援が浮かび上がってきます。

秋山さんは、交通事故が原因で右半身がまひしており退院後、ある障害者支援施設で地域移行を目標に自立訓練事業を利用しています。利用開始当初は、歩行訓練など機能回復訓練に力を入れ、身体的機能の回復に力を入れていました。そして、日常生活において自力でできることと支援が必要なことを整理しました。同時に、職員が住居、日中活動の場、経済保障など必要な情報提供を行いました。また、既に身体障害を有しながらも地域で生活している障害者から話をしてもらう機会を設け、地域移行に向けて秋山さんの気持ちを高めたり、現実的に地域移行に向けての課題を秋山さんと一緒に整理したりしました。地域で生活するにあたってアパートを借りることとなったのですが、段差のないアパート探し、居室内の改修など秋山さんや家主を含め協議を重ねていきました。さらに、近隣住民の理解を得るための調整やホームヘルパーの利用など新たなサービス利用について検討しました。地域での相談窓口の確認と担当ワーカーとの顔合わせも行いました。

このように、機能回復の訓練主体の支援から情報提供や具体的な福祉サービスの調整、近隣住民や相談支援の専門職との連携へと支援が広がっているのが分かります。これらを総合的に行って初めて秋山さんの支援が成り立っているのです。どのようなタイミングでどのような支援が必要か、適切なアセスメントがいかに重要かをお分かりいただけたことでしょうか。一人の利用者の支援のなかで、支援の進み具合によって具体的な支援の中身は変化していくのです。

支援ということばに納得しないこと

近年、支援ということばが障害福祉分野を中心に徐々に定着しつつあるように思います。しかし、ことばは定着しつつあっても、中身が定着しているかといえば、必ずしも定着しているとは言えません。障害福祉分野の施設・事業所の個別支援会議に参加させていただいたり、職員の方と話をさせていただいたりすると、「○○できるよう支援します」といったことばが必ずといってよいほど出てきます。しかし、その中身は従来の処遇の考え方であるため違和感を覚えます。支援ということばに酔いしれるのではなく、本当の意味を理解して、利用者支援を展開していきましょう。

その支援は利用者に合っている？

第６講座

自立生活支援

従来の自立の考え

利用者の生活を支援するということは、利用者の自立生活を支援することだといえます。この自立ということばは、社会福祉の領域では古くから用いられています。とくに障害福祉分野において強調されてきました。今や、障害福祉分野に限らず社会福祉全般で用いられています。社会福祉関連の法律に「自立」ということばが多く用いられています。

では、この自立ということばにはどのような意味があるのでしょうか。自立ということばは英語ではindependenceと表記します。反対語は、dependenceであり、依存という意味です。つまり自立とは、依存しないことを意味します。従来、障害者の自立といえば、他者からの援助や支援を受けず、自分のことは自分でできる、ということを意味していました。障害者が自立するには、身辺自立、経済自立が最低条件のように言われてきました。自分の身の回りのことは自分でできる、生活費は自分で稼ぐ、といったことです。人の助けを借りず、自力で生活できることが自立だと考えられていました。

しかし、このような考えだと、重度身体障害者や就労に結び付かない障害者は一生涯自立できない人とみなされてしまいます。「自立生活を目指そう！」と言われても所詮叶わぬ夢なのです。これでは、いつまでたっても自立できない人ができます。そして、常に他者の助けが必要な受け身の存在でしかなく、援助してくれる人たちの言いなりにならざるを得ない、肩身の狭い想いを強いられて生きていくしかないのです。このような考えに疑問を持ち始めた重度身体障害者たちが、新たな自立観を打ち立てるようになりました。

自立生活の考え方の転換

重度の身体障害者が唱えた自立の考え方にはいくつかのポイントがあります。まず、依存しないことを自立とする考えから、人の助けを借りるか否かは問題ではなく、どのような生活を送っているかといった生活の質を重視します。他者に依存しない生活であっても、生命を維持するのが精一杯の生活では質の高い生活とは言えません。一方、他者からの援助や支援を受けて、人として快適な生活を営み、いろいろなことにチャレンジし、社会や人々とつながりを持ちながら生活していくことの方が大切だという考えです。

ふたつ目は、自分の人生は自分で決める、専門家が一方的に決めるのではない、といった自己選択・自己決定できているか否かが自立を考える上で重要となります。しかも、自分で決めたことの責任は自分にあるという考えです。

これらの考えは、それまでの依存しないことが自立だという考えを根底からひっくり返したのです。依存しながらの自立生活は成り立つという考えです。強調されていることばは、自己選択・自己決定、生活の質、自己責任です。この考え方は、いまでも重度身体障害者の自立生活を考える上で重要視されています。

ここで問題となるのが、重度の知的障害や認知症高齢者など判断能力の不十分な利用者が自己責任のもとで意思決定がどこまで可能なのかどうかということです。この点については、第13、14講座で説明しますが、利用者本人がいろいろな人からの情報提供やサポートをもとに意思決定に近づけるよう支援するかかわりが必要です。いずれにせよ、利用者が受け身の存在ではなく、主体性をもって生活していることが自立生活につながるということになります。職員は利用者の主体性を少しでも発揮できるよう支援していくのです。

生活の質

生活の質は、多くの人々に共通する一定の生活水準から判断する客観的な指標と一人ひとりの生活の質に対する想いの違いを尊重する主観的な指標との両側面から考える必要があります。客観的な指標とは、日本人として、○○市に在住する者として、○○に関しては○○水準を満たしているといった基準を設けて判定していくものです。一定の生活水準を満たしていくことで生活の質を保障しようとする考えです。

しかし、生活の質は、このような客観的指標だけで評価できるものではなく、当事者がどのような生活を望んでいるのか、といった個々人の主観的な想いを無視することはできません。人によって生活の質に対する基準や考えが異なっています。経済的に裕福であれば、幸せと感じる人もいるでしょう。経済的には裕福でも社会とのかかわりが少なく寂しい思いをしている人がいたとしましょう。心満たされない状態にあるとすれば、生活の質は高くないと思っているかもしれません。一方、経済的にはぎりぎりの生活であっても交友関係に恵まれているとか仕事にやりがいを感じて充実している、家族関係が良好で幸せと感じる人もいるでしょう。

さらに、一人ひとりの生活スタイル、生活習慣といった生活の姿は当然異なっています。ある人にとっては当然の生活スタイルであっても他の人からすると受け入れ難い生活スタイルかもしれません。このように、生活の質は、ある一定の生活水準は当然保障されるべきですが、個々人の主観を加味して考えていくものなのです（図表6－1）。

図表6－1　生活の質

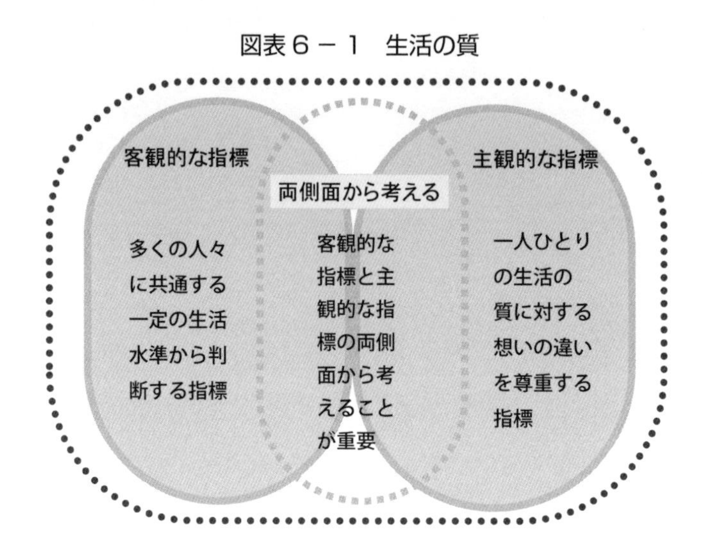

筆者作成

その人らしさ

そこで、自立を考えるには一定の生活水準を保障しつつ、個別性を尊重し、「その人らしさ」を探求することが重要となります。自立生活とは、「その人らしい生活」を送っていることだといえます。利用者の側から捉えると、「自分らしさ」を発揮できていることとなるでしょう。そこには、個人の尊厳が保たれていること、安心のある快適な生活を保つということが前提となります。生活の質が重視されることから、居住空間は、入所施設であろうが地域社会であろうが、場所は問いません。

食事を例に考えてみましょう。ある利用者は、自立生活に向けて、自分の身の回りのことは自分でできるように栄養バランスを考えた食材を買いそろえ調理するということが必要となるかもしれません。別の利用者は生活費のなかから総菜など調理済のものを買いそろえて食事を摂るということで十分な場合もあります。また、食べたいメニューをヘルパーに買い物から調理、後片付けまで依頼し、おいしい食事を頂くことで生活の質を保つことのできる利用者もいるでしょう。なかには、入所施設で生活し、しっかりとした栄養管理のもと食事を提供してもらっている利用者もいるでしょう。

このように、利用者一人ひとりの生活習慣、生活状況、心身機能の状態、意思（想い）によって自立生活の姿は異なってくるのです。利用者の「その人らしい生活」とはどのような生活なのか、一人ひとりの利用者について考えていきましょう。

私らしく生活することが自立

自立生活支援の類型

それでは、利用者の自立生活支援とはどのようなものなのでしょうか。わたしは、身体障害の利用者とかかわってきて、自立生活支援とは自立に向けて取り組むことだけではないように思います。ここでは、3つに分類して紹介します。まず、自立を目指している利用者の自立生活支援です。その人らしい生活を追求しつつ、その人らしい生活に向けて支援する方法です。

2つ目は、自立を取り戻そうとしている利用者の自立生活支援です。従来、その人らしい日常生活および社会生活を営んでいた利用者が、病気、けが、事故など何らかの理由によってその人らしい生活を送ることができなくなってしまったとします。たとえば、会社を退職した、家族と離れて生活をしなければならなくなったなどが考えられます。このような状況にある人に対して、元の生活を取り戻す、あるいは新たなその人らしい生活を模索するための支援です。

3つ目は、自立を維持している利用者の自立生活支援です。福祉サービスを利用しながらその人らしい生活を送っている利用者に、福祉サービスを提供し続けることで、利用者は自立生活を継続していくことができます。福祉サービスの提供そのこと自体が自立生活を維持することになるなら、自立生活支援といえます。

このように、自立を目指している利用者、自立を取り戻そうとしている利用者、自立を維持する利用者、それぞれ、支援の目的や意義は異なってきます。皆さんはかかわっている利用者にどのような自立生活支援を行っているでしょうか。一見すると同じ福祉サービスでも、意図する内容が異なることで、支援の意味が大きく変わってくるのです。

個別支援

利用者一人ひとりに応じた支援とは、利用者の個別性を尊重し、その人らしさを追及していく支援だといえます。言い換えると、利用者一人ひとり個別支援を展開していくということです。従来、施設・事業所では、集団処遇が行われていました。これは、平等という考えのもと、一人ひとりの利用者の個別の対応はできないというものでした。つまり、個人よりも集団を優先していたのです。

私は、福祉現場で働いているとき、この「個別性」と「集団」という一見矛盾することばの狭間で悩んだことがありました。利用者支援を考えていくうえで、個別に対応した方が良いこともたくさんありました。しかし、一人の利用者にそのことを認めてしまうと、他の利用者からの要望があった場合、認めないといけないが実際それはできない、それであれば最初からすべての利用者に認めないようにしようという考えのもと、個別対応が否定されていたのです。一律の決まりごとを遵守するという名のもとに、一人だけ特別扱いできない、ということから必要な支援ができなかった歯がゆさを経験しました。

利用者は施設・事業所内で集団生活をしている以上、集団の決まりを遵守することは当然のことです。集団の決まりごとやルールを無視していては、集団は成り立ちません。しかし、利用者の個別性を尊重し、その人らしさを追求することの重要性を鑑みると、利用者も社会の一員、集団の一員であるという認識をもちつつも、個別支援を心がけましょう。

第７講座

利用者の抱える生活上の問題

利用者側からの理解

これまで私たち福祉に携わる者は、職員側の論理で物事を見ていたのではないでしょうか。皆さんは、「○○さんは、××ができない」「○○さんは、すぐにパニックになる」「○○さんは、他害行為が激しい」「○○さんは、理解力が乏しい」「○○さんは、話が通じない」「○○さんは、集団のルールが守れない」など感じたことはないでしょうか。

これらは、職員側からみた捉え方です。利用者自身は全く異なった捉え方をしているのかもしれません。自分の想いが職員に伝わらず、辛い思いをしているかもしれません。利用者は、「私は、どのように××をしたら良いか分からない」「私は、自分の想いをうまく言葉で表現できず、ついイライラしてしまう。どうすれば分かってもらえるのだろう。でもその辛さを職員は分かってくれない」「職員の言っていることの意味がよく分からない」「自分の想いを聞いてもらえず、決まりごとばかり押し付けられる」と感じているのかもしれません。これらはまさに利用者にとっての生活のしづらさの大きな要因になっているのです。

職員の不適切な対応によってつくられた利用者の問題行動

施設・事業所内で利用者が起こす不適切な発言や行動を問題行動と呼んでいた時期がありました。そして、その表面化した問題行動に焦点をあてて問題行動を少なくする対応が行われていました。具体的には、利用者が問題行動を起こしたら力づくで押さえつける、小部屋などに閉じ込める、きつい口調で叱責するといったことです。

しかし、表面化したこれらの行動を封じ込めようとしても、その場はいったん収まったかに見えますが、根本的な解決には至っていないのです。同じことの繰り返しです。

問題行動とは、職員など周囲からみて問題なのです。職員からみて、「○○されたら困る」、「不安定な状態だ」「暴れている」といった解釈となるのです。しかし、問題とは何かを考えるとき、利用者本人の側に立ってみるべきでしょう。利用者からすると、自分の思いが伝わらない、不快な状況にあるのにそこから逃れられないことが問題なのです。

利用者は、何かを訴えたいがうまくことばで表現できない、誰も想いを理解してくれない、だから大声で叫ぶ、パニックを起こす、人を叩く、物を壊す、といった行動で表現するのです。うまくことばで表現できないが、何かを訴えたいというメッセージなのです。この表面化した行動を職員側から見て問題行動とよんでいたのです。しかし、これを問題行動と称してよいのでしょうか。

利用者の問題とは何かを考える際に、問題行動と呼ばれる行為を引き起こしている要因を理解しましょう。そして、その要因を取り除くことで、問題行動は随分と少なくなるでしょう。利用者にとって不快な状況を避けるようにする、何か訴えたそうな表情をしておればそれを読み取り適切な対応を行うなど、利用者と利用者を取り巻く状況（環境）との関係を調和するよう努めましょう。利用者から見ると、不快な状況が改善されると、問題が減少したことになるのです。決して表面に現れた利用者の行為・行動だけで解釈しないようにしましょう。

生活のほとんどを過ごす入所施設

私たちは、職場、家、通勤途上、休日のリフレッシュなどさまざまな機会や場のなかで生活しています。職場では、凛々しい姿で振る舞うでしょう。家ではだらけているかもしれません。通勤途上で仕事からプライベート、プライベートから仕事へと気持ちの切り替えを行っていることでしょう。休日には家族や友人とどこかへ遊びに行き仕事のストレスを発散したり、家でゆっくりと休養したりしていることでしょう。仕事が終わって同僚と食事に行って仕事の話をしつつも辛かったことや悔しかったこと、楽しかったことなどを分かち合い、ストレスを発散しているのです。ストレスを発散できるからこそ、職場では凛々しく振る舞うことができるのです。

ところが、入所施設の利用者にはそのような切り替えの機会や場があまりないといってもいいでしょう。利用者にはプライベートな時間や空間があまりないのです。生活のほとんどを施設内で過ごし、周囲に誰かがいるという状況が多くあります。自分だけの時間や空間が保証されていないということは、ストレスが溜まることでしょう。そのストレスを発散する機会がないと不安定になったり、突発的な行動に出てしまったり、怒りを誰かにぶつけたりします。いずれも好ましい行動とは言えません。

しかし、この表面に現れた行動だけを捉えて、「問題行動だ」と処理してしまうことは好ましくありません。利用者がこのような好ましいとはいえない行動を起こしてしまう要因こそが問題なのです。

イライラしたり不安定になったりしていることで、一番辛い想いをしているのは利用者自身なのかもしれません。だからこそ、気持ちの切り替えのできる機会や場づくりが大切なのです。同様に、気持ちの切り替えが十分できない環境下に置かれている利用者の状況を理解しましょう。

利用者のイライラや不安定な状態を受けとめましょう。利用者にその感情を吐き出してもらいましょう。イライラや不安定な状態をさらに煽るのではありません。場合によっては、その状態にあまり深くかかわるのではなく、そっと見守った方が良いこともあります。危害を加えるような行為の場合は、制止しなければなりませんが、最小限のかかわりにとどめましょう。

利用者の問題とは利用者にとっての生活のしづらさ

第４講座で説明してきたように、利用者支援において問題とは、決して利用者の心身機能の障害など利用者側にその原因を求めるのではないのです。利用者支援でいう問題ということばを理解するには、利用者と利用者を取り巻く環境との関係のなかで理解することが大切です。利用者と利用者を取り巻く環境との間に不調和が生じ、さまざまな葛藤がある状態になると問題が生じてくるのです。

利用者のその人らしい生活を支援するという観点から考えると、利用者側に立って、利用者の生活の姿を考えなければなりません。そうすると、利用者と利用者を取り巻く環境との不調和は、利用者にとって生活のしづらい状況にあるといえるのです。その生活のしづらさをうまくことばで表現できないから、自傷行為、他害行為、パニック、大きな声を出す、唐突な行動などの行動となって表れているのです。いわば、利用者にとっての生活のしづらい状況にあること、そのことを利用者がうまく表現できていないことが問題なのです。問題とは、「利用者が自立生活を営むうえで生じている生活上の問題」という解釈になります。

私たちは、利用者と利用者を取り巻く環境との両側面に目を向け、双方の関係性を理解し、調和を図っていく取り組みこそが利用者支援なのです（図表7－1）。

図表7－1　利用者の抱える生活上の問題

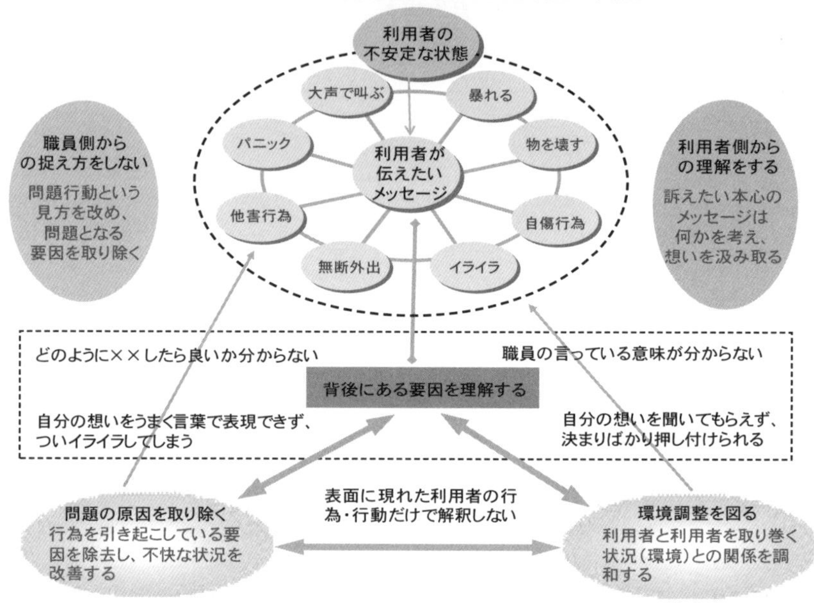

筆者作成

第8講座

肯定的人間観

一人の人間としての利用者

利用者は心身機能に障害がある、要介護状態にある、認知症状がある、生活困窮状態にある、虐待を受けている、判断能力が不十分など様々な状態に置かれています。しかし、それ以前に私たちと同じように一人の人間なのです。対人援助に携わる私たちはまず、このことをしっかりと理解しておくことが大切です。

私は、大学を卒業して身体障害者施設の職員として働きだしました。当時、意識はしていませんでしたが、利用者を心身機能に障害があることで、一段劣った存在、できない人、援助が必要な人といった決めつけをしていたのかもしれません。そのような態度は利用者にも伝わっていたのでしょう。身体障害者の施設ということで、利用者の多くは社会経験のある方たちでした。今振り返ってみると、当時の利用者はどのような想いだったのでしょうか。「若造が何を偉そうな態度で！」「あの職員は私たちのことを分かっていない」「障害があるからといって馬鹿にしているのか！」「やはり障害があるということで自分たちは何もできないのか」といった否定的な印象を植え付けてしまったのではないでしょうか。

一部の利用者は、「自分たちで決めさせろ、職員が何でも決めるのは納得がいかない」と頑なに訴えてきました。当然、利用者と私の関係はぎくしゃくしていました。利用者にそのような発言をさせてしまったのは実は私だったのです。大変申し訳ないことをしたと反省しています。

しかし観点を変えると、このように自分の意見や想いを表現できる利用者はまだ訴える術をもっているということです。重度の知的障害者、要介護状態にある高齢者や認知症高齢者、児童などはストレートに表現できないかもしれません。皆さんには、私と同じような失敗をしないために、利用者という人をどう捉えるかを考えて欲しいと思います。

人は主体的存在、能動的存在

利用者を受け身の存在と捉えるのではなく、主体的、能動的な存在と捉えます。「してもらう存在」ではなく、「自ら何かをする存在」なのです。しかし、してもらうことがあたり前になると、自ら何もしようとしなくなります。何もできなくなってしまう、といった方が正しいのかも知れません。そこで、周囲の環境を整え、利用者が「やればできる」といった自信をもってもらうことが大切なのです。このことが、自らも何かをしよう」といった前向きな気持ちにつながっていくのです。

人は無限の可能性を秘めた存在

黒川昭登は、「人間は無限に成長発展する意欲と可能性をそなえた存在である」と述べています。そして、その潜在的可能性を発揮するための環境が重要であると指摘しています。

さらに、次のような説明を行っています。自暴自棄になっている利用者を見かけますが、人は希望を持ち続けるがゆえに現実を見て絶望するのです。意欲がないのではなく、「よくなりたい」という自己実現の想いが強くあるのです。ところが、潜在的可能性を発揮することが阻害されているのです。だから、自暴自棄になるのです。

そこで、職員が利用者の意欲や可能性をうまく引き出すことが重要なのです。利用者に意欲や可能性があっても、そのことに私たち職員が気づかなければ、うまく引き出すことはできません。黒川は、そのことを種を蒔いて花を咲かせることに例えて説明しています。種から芽を出して花を咲かせるのはその植物の力なのです。しかし、その力を発揮できるだけの環境づくりが大切なのです。水や肥料、太陽の光をやらなければやがて枯れてしまいます。この例は、重度知的障害者や要介護高齢者、認知症高齢者など判断能力の不十分な利用者の意欲や可能性の芽を摘みとることと同じことを言っているようにも思えます。利用者をできない人、分からない人と決めつけ、利用者の意欲や可能性の芽を摘み取ってしまわないよう、かかわっていくことが我々の仕事なのです。

人は変化、成長、向上の可能性を秘めた存在

ブトゥリム,Z.T. は、ソーシャルワークの前提となる価値として「変化の可能性」を挙げています。変化の可能性とは、人は変化、成長、向上する可能性を秘めた存在である、という意味です。昨日とは違う今日の利用者が存在していて、顕著に表れないかもしれないが、変化、成長、向上しているということを確信することなのです。

重度知的障害者は日々何の変化もない生活を送っていると思っているかも知かもしれません。また、人間は加齢とともに退行していくものだと思い込んでいるかもしれません。「自立支援」といっても、日々の支援は同じことの繰り返しではないか、利用者自身に変化など見られない、と行き詰まりを感じている職員も多いことでしょう。日々のルーティンワークに埋没してしまうと、仕事に対するモチベーションは下がり、さらに利用者のさまざまな肯定的な側面を見出せなくなってしまいます。

利用者が有する意欲と無限の可能性を発揮するためには、私たち職員が利用者は変化、成長、向上の可能性を秘めた存在であることを確信することです。第 3 講座で説明した利用者支援の価値を思い出して下さい。ある 50 歳代の知的障害の利用者の事例を紹介しましょう。

大島由香さんは、両親との 3 人家族で在宅生活を 50 年以上続けてきました。それまでの在宅生活では、両親からみると大島さんはいくつになっても子どもですから、やや甘やかされて育ってきました。両親の高齢に伴い、大島さんは入所施設に入所しました。大島さんの環境が一変したのです。入所当初は施設での生活に馴染めず、精神的に不安定な日々が続きました。職員も大島さんに対して「由香ちゃん、わがまま言わないの！」と注意するだけです。しかし、それでは一向に改善しません。

ある職員が、50 歳代の利用者に対して子ども扱いするのはおかしいのではないかと疑問を投げかけました。名前の呼び方、ことば遣い、接し方など大島さんに対して大人としてのかかわりを意識的に行いました。しばらくすると、大島さんに変化が見られました。それまで子どもが駄々をこねるようなものの言い方や態度だったのが、徐々に大人のことば遣いや態度で職員に接することができるようになったのです。ところが、大島さんを子ども扱いしている職員に対しては、相変わらず子どものようなものの言い方や態度で接しているのです。

大島さんの事例のように、50 歳代になっても人は変化するのです。皆さんがかかわっておられる利用者でもその可能性を秘めているのではないでしょうか。皆さんは、ルーティンワークに流されていたり、諦めてしまったりしていませんか。利用者の変化、成長、向上の可能性を確信しかかわっていくのと、重度の利用者には変化、成長、向上の可能性など見出せないと思ってかかわっていくのとでは、利用者自身の生活が大きく変わってきます。さらに、職員としての成長の度合いも大きく変わってくるのです。

日々の支援のなかで、利用者の変化が見いだせず行き詰ったり、ルーティンワークに流されてしまったりすることがあるでしょう。重要なのは、そのような状態にいる自分を素直に認めることです。そして、ぜひ「変化の可能性」ということばを思い出して下さい。そして、そのことばを胸に秘めて利用者とかかわっていきましょう。きっと、一筋の光を見出すことができるでしょう。

肯定的人間観

人は、主体的、能動的存在であり、無限に成長・発展する意欲と可能性を兼ね備えた存在であり、その意欲と可能性を発揮するために、変化、成長、向上する存在なのです。利用者支援に携わる職員は、人間は肯定的な側面を兼ね備えた存在であるという人間観をしっかりと持ちましょう。利用者は私たちと同じ一人の人間です。

ソーシャルワークで主要な考えとなっている生活モデルでは、人間は環境との交互作用を通して進歩・成長・発展する存在であり、潜在的にその能力を備えている存在であるとみなしており、人間の肯定的な側面に着目しています。職員が利用者を心身機能に障害がある人、要介護状態にある高齢者、生活困窮者といった捉え方をすれば、双方の信頼関係は形成されないうえに、利用者の可能性を摘み取ってしまいます。職員が利用者という人を一人の人間として接していけば、きっと信頼関係が芽生え、利用者の意欲、可能性、主体性の発揮につながっていくことでしょう。ぜひ、利用者という人に対する肯定的人間観に基づいた支援を実践しましょう。

第9講座

エンパワメントとストレングスの考え

学習性無力感

利用者には人としての尊厳があります。同時に、第8講座で説明したように、一人ひとりの利用者には私たちと同じく素晴らしい可能性や潜在能力があります。この可能性や潜在能力を引き出し、伸ばしていくことが私たち職員にとって大切な仕事の一つなのです。

ところが、周囲の人々の固定観念から、心身機能に障害のある利用者、要介護状態の利用者は差別や偏見の対象となっていることも事実なのです。「どうせ無理だろう」「理解できないだろう」といった誤った認識が植え付けられてしまっているのです。皆さんは利用者をこのような認識で捉えていないでしょうか。利用者には秘めた可能性や潜在能力があるにもかかわらず、埋もれさせていないでしょうか。

人は、何かをやろうとしても受け入れてもらえなかったり、失敗経験を繰り返したりしていると、やがて何かをやろうという気が失せてしまいます。無気力の状態に追いやられるのです。これを学習心理学で学習性無力感といいます。学習性無力感とは、「やればできる」「そのチャンスはある」にもかかわらず、利用者自身、「やっても無駄だ」「どうせできない」とこれまでの経験で学習してしまい、取り組もうとしない状態をいうのです。これをパワーレスな状態といいます。この無気力な状態をもって利用者をますます劣った存在としての認識を強めてしまうのです。そして、職員がしてあげなければ利用者は何もできない人といった構図となってしまい、そのことが、利用者は劣った存在、自分では何もできない存在という認識をさらに植え付けてしまうという悪循環に陥ってしまうのです。

利用者の可能性や潜在能力を正当に評価しないとどうなるでしょうか。職員が上から目線で接したり、いい加減なかかわりしかできなかったりするのです。だからこそ、利用者という人を「私たちと同じ人間」であり、「秘めた可能性や潜在能力を有する人」だと認識することがとても大切なのです。

エンパワメントの考え

皆さんのかかわっておられる利用者にはどのような可能性や潜在能力があるのでしょうか。人の有する能力を正当に評価し、差別や偏見から解放し、利用者がパワーレスな状態から脱し、パワーを発揮することを「エンパワメント」といいます。エンパワメントのパワーとは直訳すると「力」となります。力とは潜在能力やいろいろな可能性を指します。このエンパワメントの考え方は、利用者を訓練してできないことをできるようにするという意味ではありません。一人ひとりの人間には素晴らしい可能性や潜在能力を兼ね備えているので、そのことを正当に評価し、それを引き出すという意味です。エンパワメントは、人の外見や心身機能の状態だけで人の優劣を判断するのではなく、秘めた可能性や潜在能力が存在しているという信念にもとづいています。このことから、人権思想にも深く関連している考えだといえるでしょう。

私たちが見出した利用者の潜在能力や可能性を利用者にも伝えましょう。そのことが、利用者自身の自己評価を高めていくことにつながっていくのです。利用者自身が、「自分は決して劣った存在ではない」「自分なりの持ち味がある」「やればできる」という期待感をもつことが大切なのです。何か物事を進めるときに、やればできるのではないかという成功に対する期待度を自己効力感といいます。この自己効力感が高いほど、物事にチャレンジして行くのです。利用者自身が「やればできる、自分は劣った存在ではない、価値ある存在だ」といった自尊感情をもつことが何よりも大切なのです。

利用者の秘めたパワー

利用者を一人の人として尊重

エンパワメントのゴールは、利用者の有するさまざまな能力を見出し、引き出し、発揮できるようになるとともに、そのことによって、差別、偏見から解放されることにあるといわれています。利用者が、有する能力を十分発揮することができ、一人の人として尊重されることが実現できて、エンパワメントが成し遂げられるのです。

エンパワメントの考えは、利用者の潜在的可能性や能力に着目するという利用者の肯定的な側面をしっかり見ていこうとするものです。肯定的な側面を正当に評価していくことで、利用者の有する素晴らしさをより一層理解でき、劣った存在、できない人といった誤った認識から抜け出すことができるのではないでしょうか。

ストレングスの意味

利用者の可能性や潜在能力を見出し、引き出していくには、利用者の良さ、素晴らしいところ、頑張っているところやできているところといったプラス面に目を向けてみましょう。このような考えを「ストレングス」視点といいます。ストレングスは英語でstrengthと表記します。強さ、強み、といった意味になります。利用者の良さ、素晴らしい面が必ずあるという信念のもとに、利用者の良さや素晴らしい面に着目してその部分を伸ばしていくという考えです。

私たちは、利用者のマイナス面はすぐ目につきます。利用者に対して「○○さんは、○○ができない」「○○さんは、○○が分かっていない」「○○さんは自分の意見を押し通す」といったことを感じたことはないでしょうか。

このようなことが何度か繰り返されると、やがて「○○さんはダメな人だ」「○○さんは依存的な人だ」「○○さんは自分勝手な人だ」とその人そのものにマイナスのレッテルを張ってしまいます。固定観念を植えつけてしまうのです。固定観念ができあがってしまうと、その人が素晴らしい能力を発揮しても、「たまたまだ」「あれくらいのことは誰だってできる」と何をやってもマイナスにしか評価しようとしません。

みなさんは、利用者のストレングスをしっかりと見出しているでしょうか。支援に困難を感じている利用者に対しては、どうしても利用者のマイナス面が前面に出てしまいます。

固定観念ができてしまうと見えるものも見えない

相互作用

職員が利用者に対してマイナス面を前面に出した評価をしてしまうと、その想いがメッセージとして利用者に伝わってしまいます。職員と利用者とのやり取りはコミュニケーションです。そのコミュニケーションにおいて職員の利用者に対して抱いている評価が態度、表情、しぐさといった非言語コミュニケーションを通して伝わっていくのです。人の気持ちや感情は、非言語コミュニケーションを通して伝わってしまうのです。ことばよりも非言語のメッセージを優先して受け取っているのです。

利用者の側から見ると、自分のマイナスばかりがクローズアップされる、マイナスにしか評価されない、となればどのような想いを抱くでしょう。本当に自分はだめな人間なのだろうか、いくら頑張っても所詮評価されないのなら、もう頑張っても意味がない、やめてしまおう、といった消極的な発想となってしまうのではないでしょうか。

いずれにしても、利用者は職員に信頼を寄せないでしょう。また、利用者の有している能力を十分発揮できないでしょう。利用者と職員との関係は良好だといえず、否定的、消極的な関係にとどまってしまうでしょう。このように、職員から否定的なメッセージを利用者に送っていると、利用者も職員に対して否定的なメッセージを返していくのです。まさに職員と利用者との否定的なコミュニケーションが双方向に行われているのです。これを何とか、打破しなければなりません。

肯定的な側面への着目

そこで、発想の転換を図りましょう。まず、利用者のほんのわずかのことでもできているところや素晴らしい面を意識してみましょう。意識することが大切なのです。意識することで、今まで見えていなかった、利用者のできているところや素晴らしい面が見えてくるものです。

もう一つの方法は、利用者のマイナスに見ている側面の角度を変えてプラスに捉えなおしてみましょう。物事の見方を変えると、評価は随分変わってきます。皆さんがかかわっている利用者を思い浮かべましょう。利用者はどのような方でしょうか。思いつくだけ書き出してみましょう（図表9－1）。できれば20項目ぐらい挙げてみましょう。マイナスの意味合いで書いた内容とプラスの意味合いで書いた内容のどちらが多かったでしょうか。数えてみてください。もし、マイナスの項目が多かったとすれば、利用者をマイナスに評価しているということになります。

図表９－１　利用者理解シート

利用者の○○さんは、＿＿＿＿＿＿＿＿＿＿＿＿＿＿＿＿＿＿＿＿。
利用者の○○さんは、＿＿＿＿＿＿＿＿＿＿＿＿＿＿＿＿＿＿＿＿。
利用者の○○さんは、＿＿＿＿＿＿＿＿＿＿＿＿＿＿＿＿＿＿＿＿。
利用者の○○さんは、＿＿＿＿＿＿＿＿＿＿＿＿＿＿＿＿＿＿＿＿。
利用者の○○さんは、＿＿＿＿＿＿＿＿＿＿＿＿＿＿＿＿＿＿＿＿。
利用者の○○さんは、＿＿＿＿＿＿＿＿＿＿＿＿＿＿＿＿＿＿＿＿。
利用者の○○さんは、＿＿＿＿＿＿＿＿＿＿＿＿＿＿＿＿＿＿＿＿。
利用者の○○さんは、＿＿＿＿＿＿＿＿＿＿＿＿＿＿＿＿＿＿＿＿。

出典：筆者作成

次に、マイナスの意味合いで書いた内容をプラスの見方に置き換えてみるとどうなるでしょう（図表９－２）。

図表９－２　リフレーミング

例：利用者の○○さんは、

否定的な捉え方	肯定的な捉え方
いつも自分の意見を押し通そうとする ⇨	自分の意見をしっかりと持っている
協調性がない ⇨	自分のペースをしっかり保っている
おおざっぱ ⇨	おおらか

出典：筆者作成

ずいぶん、その利用者の見方も変わってくるものです。ぜひ一度試してください。利用者という人を少し肯定的にとらえることができたでしょうか。このように、物事の見方を変えることをリフレーミングといいます。普段から、利用者に対して肯定的な表現を用いるよう心がけましょう（図表９－３）。

図表９－３　ストレングス視点の捉え方

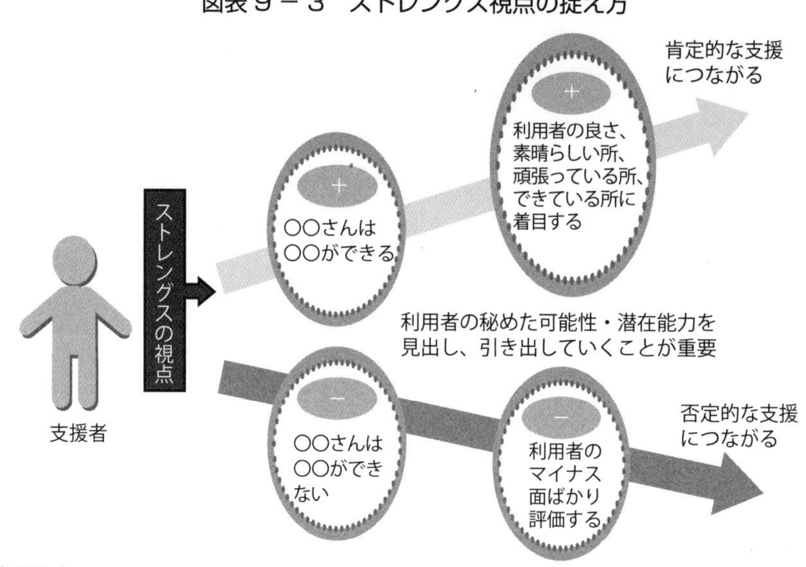

筆者作成

利用者の弱さも受けとめる

一方、利用者の強みだけを強調するのではなく、弱さをも受け入れることも忘れてはいけません。入所施設で生活している利用者にはプライベートな時間や空間があまりありません。ストレスがたまった際にうまく処理することができません。ときにはわがままと思えるような言動も見受けられます。しかし、これを受けとめていきましょう。

私たちも強い面と弱い面とを持ち合わせています。私たちは、家庭あるいは友達といるときなど、どこかで弱い面を吐き出しています。だから、職場では強い面を出すことができるのです。切り替えができるのです。利用者も同じです。利用者が弱い面を表現できてこそ、強い面を出すことができるのです。利用者の弱い面を受け止めていますか。

ストレングス視点で気づきのあった事例

利用者の良いところを見出すことができると、「○○もできる、△△もできる」とできるところがいっぱい見えてきます。

軽度の知的障害のある吉田さんは、お母さんと二人暮らしでした。ある日、お母さんが重い病にかかりしばらく入院することになりました。吉田さん一人で在宅生活は難しく、お母さんが入院している間、障害者支援施設でショートステイを利用することになりました。ある日の午後、吉田さんは施設の職員に何も告げずに施設を抜け出し、夕方戻ってきました。この間、施設では吉田さんが行方不明になったと大騒ぎになっていたのです。

吉田さんはいわゆる無断外出をしたのです。「勝手に施設を出ていっては困る。何かあったときに責任が問われる！」と施設職員は吉田さんの行為に批判的でした。吉田さんはどこに行ったかというと、お母さんのお見舞いに電車とバスを乗り継いで行ったのです。事情は分かるが無断外出は許されないというのが大方の意見でした。

そのうちある職員が「でも、吉田さんは一人で電車とバスを乗り継いでお見舞いに行って夕方には帰ってきた。それだけのことをできる力がある人だ」と言ったのです。その瞬間、みんな「はっと」しました。

ある職員の一言をきっかけに、職員みんなが「吉田さんは、○○もできる、××もできる」とストレングス視点での発言が活発に出てきました。これによって、吉田さんという人に対する評価がプラスになり、さらにはさまざまな支援の方法が提案されたのです。

利用者の良さを職員間で共有

利用者のプラスの面を見出すには、ある程度そのことを意識する必要があります。しかし、「そう言われても…」と、意識しているつもりでも気づかない職員もいることでしょう。「感性を磨こう！」と言われてもどうすればよいのだろうかと疑問も湧くことでしょう。

そこで、職場のなかに利用者の良いところを見出すことのできる職員はいませんか。このような職員の気づきを参考にすることもできます。また、利用者の良いところ、素晴らしいところをお互いに報告しあう機会を設けて、職場の職員で共有してみてはいかがでしょうか。自分では気づかない利用者の良さを他の職員が見出し、共有することで自分自身の気づきにつながっていくことでしょう。きっと利用者の新たな発見につながっていくことでしょう。そして、利用者という人を肯定的に捉えなおすことができるでしょう。そうすると、利用者のいいところがたくさん見えてくると思います。

利用者を一人の人として理解することの大切さ

ある社会福祉士の実習を終えた学生が報告会で次のような話をしていました。

「知的障害の利用者のストレングスを見出すことができたとき、利用者の新たな一面を見出したことになります。この発見はとても新鮮でした。しかし別の見方をすると、今までは知的障害のある利用者をできない人と見ていたという私自身の偏見があったのではないかとも思い、複雑な心境になりました」。

考えさせられる一言ではないでしょうか。私たちは利用者をどのように見ているのでしょうか。利用者であるがゆえに「できない人」と決めつけていないでしょうか。利用者は障害者、認知症高齢者である前に私たちと同じ一人の人間だということをもう一度思い起こして、利用者という人をどう見ていくのか、どのように接していくのかを考えてみましょう。

利用者主体の支援

第 10 講座　利用者主体の支援

第 11 講座　日常生活場面でのかかわり

第 12 講座　利用者の意思の尊重と生活上のニーズ

第 13 講座　利用者の意思を引き出す支援

第 14 講座　意思表明困難な利用者の意思を
引き出す支援

第10講座

利用者主体の支援

生活の主体者である利用者

皆さんは、以下のような表現を用いていないでしょうか。

①利用者に○○させる

②利用者を○○に連れていく

③利用者にご飯を食べさせる

④利用者をお風呂に入れる

⑤利用者に着替えをさせる

⑥利用者をトイレに連れていく

これらの表現の主語は、すべて職員です。つまり、「職員が、○○する」「職員が、利用者に○○させる」となります。まさに職員主導の表現なのです。

①○○するのは利用者で、職員はそれをサポートするのです。

②○○に行くのは利用者で、職員はそれをサポートするのです。

③食事をするのは利用者で、職員はそれをサポートするのです。

④お風呂に入るのは利用者で、職員はそれをサポートするのです。

⑤着替えをするのは利用者で、職員はそれをサポートするのです。

⑥トイレに行くのは、利用者で、職員はそれをサポートするのです。

利用者が○○するのを職員がサポートするのが本来の姿です。私たちは、利用者の生活を支援しているのです。職員が主役であってはいけないのです。あくまで利用者の生活ですから利用者が主人公なのです（図表10 － 1）。

利用者の生活や人生は利用者自身のものであり、決して職員のものではないのです。職員は、利用者の生活を支援しているのです。そこで、職員が主役ではなく、利用者が主人公となる支援、すなわち利用者主体の支援が大切だといわれています。

近年、高齢者分野では、「食事介助、トイレ介助、外出介助」「トイレ誘導」といった利用者主体の表現を用いています。表現方法を変えたくらいで、本質に近づくのか、と疑問を感じた読者もいるでしょう。しかし、利用者が主人公となる支援に近づくために、表現方法を意識することも大切なのです。表現方法を少し変えるだけでも、随分と職員と利用者の関係性に違った印象を受けます。

図表10－1　生活の主体者である利用者

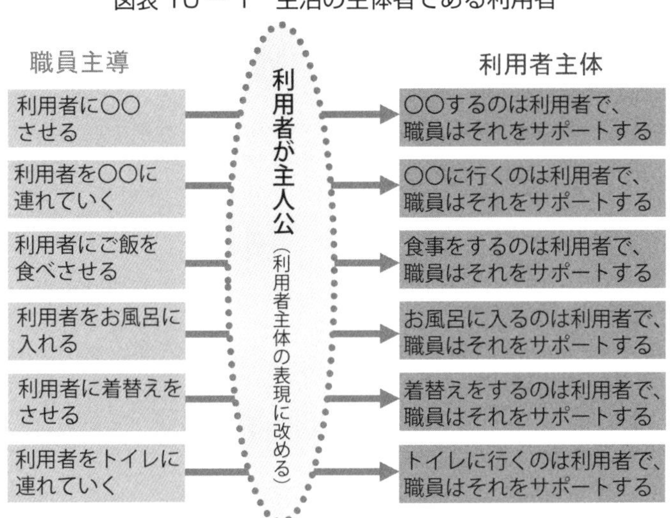

主体とは

では、利用者主体とはどのような意味なのでしょうか。利用者支援の価値のひとつに個人の尊厳の尊重があるということは第3講座で説明しました。個人の尊厳が尊重されるということは、一人の人として大切な存在であるということ、人として尊重されているということになります。そこには、他人が決めたことをそのレールに乗って歩んでいくという受け身の生活だけでなく、主体的に生活していくということが大切となります。

「主体」とはどのような意味なのか、国語辞典で調べてみました。

主体：「①自分の自由意志で行動するもの。②組織などを作る上で中心となるもの」（三省堂国語辞典）

主体的：「自分自身の意志や判断に基づいて行動を決定する様子」

主体性：「自分の意志・判断によって、みずから責任をもって行動する態度のあること」（大辞林）

「主体」ということばの意味を考えるうえでのキーワードは、「自分の自由意志や判断に基づいていること」、「中心となること」「自己責任」です。

利用者主体の支援の意味

人が主体的に生活するとはどういうことなのでしょうか。その人自身が日常生活や社会生活において、どうしたいのか、どのような生活を送りたいのか、どのような支援を必要とするのかを自分自身の意思や判断に基づいて決定していくということになります。しかも、その決定プロセスはその人自身が中心となるということです。

利用者主体の支援とは、利用者が主体的に生活を送ることができるよう支援する、ということになります。一言でいえば、利用者の想いを引き出し、その想いを最大限尊重しそれに応えていくことです。

利用者の意思の尊重

利用者主体を考える際に、利用者の意思決定（本書では、自己決定ということばを使用せず、意思決定ということばを使用します）が鍵となります。人は、社会的な秩序を守り、理性的、道徳的判断により自らを律し、いろいろなことを決めていきます。自ら決めた内容に責任をもつことができるからこそ、自分で決めるという自由があるのです。このことによって主体的な生活が可能となるのです。

この意思決定が尊重され、主体的な生活が可能となることによって個人の尊厳が尊重されるという考えに至るのです。よって、利用者の個人の尊厳を尊重するためには、利用者の意思決定を尊重することが極めて重要だといわれているのです。

利用者の意思表明や意思決定の機会の提供

認知症高齢者の利用者の場合、認知機能の低下は否めません。しかし、利用者の能力が低下しているため、意思決定は無理だと決めつけてしまわないようにしましょう。

重度の知的障害の利用者の場合、これまで意思決定の経験があまりなかったと考えるべきかもしれません。知的障害があるがゆえに、教育の機会が限られていたり、社会に参加する機会が限られていたり、ごく一部の人との人間関係に限られていたりして、十分な意思決定の機会が少なく、意思表明そのものが困難であることが指摘されています。

要介護高齢の利用者や身体障害の利用者に対しても疾病や心身機能の低下に伴い、「できない人」「分からない人」といったレッテルを貼っていないでしょうか。ことばによるコミュニケーションの難しい利用者に対して、このような傾向が顕著に見られるのではないでしょうか。

皆さんは、利用者には自分の想いを表現したり意思決定したりすることができないと思い込んでいませんか。また、諦めていませんか。利用者支援は、利用者には意思決定できる潜在能力や可能性を秘めているという肯定的人間観にもとづいています。利用者を取り巻く周囲の環境を整え、利用者が意思表明できる状況をつくり出していくことで、少しずつ利用者は想いを表現できるようになるのです。

利用者に対して「分からないだろう」「できないだろう」「無理だろう」といったマイナスイメージを抱いていてしまうとどうなるでしょう。「利用者のために…」という想いから、「われわれ職員がやってあげなければならない」「われわれ職員がやってあげた方が確実だ」といった構図ができてしまいます。職員が考え、判断し、代わりに行ってしまうのです。

しかし、それではいつまでたっても職員主導型で利用者は「分からない人」「できない人」といった固定観念が植え付けられたままです。利用者の想いよりも職員の想いが優先され、利用者はますます意思表明や意思決定の機会が少なくなってしまうのです。

利用者の意欲の尊重

職員主導は、一見、確実で、間違いが少ないように思えるかもしれません。しかし、そのことが利用者を受け身の存在にしてしまうのです。利用者の側からみると、「意思表明の機会が与えられない」「自分なりに意思表明しているのに聞き入れてもらえない」となります。やがて「意思表明しても無駄だ」あるいは「職員がいろいろなことを決めてくれる」「自分は何も決めなくても良いんだ」「職員に全部やってもらう方が楽だ」「職員の考えと異なる自己主張をするとわがままだと解釈される」など、さまざまな否定的、消極的な想いに至ってしまうことでしょう。

職員にお任せの利用者が良い利用者で、自己主張する利用者が「わがままな利用者」「面倒な利用者」になってしまったのです。にもかかわらず、「利用者は依存的だ」と思っているあなた、ひょっとして利用者を依存的にさせてしまっているのはあなたかもしれませんよ。

また、職員主導は、職員の思い込みだけで物事が進められるので、利用者の意向に沿ったものでなかったり、ときには利用者にふさわしくないかかわりをしてしまったりすることもありました。しかし、そのことに職員は気づいていないのです。

このように、職員主導で物事を進めていくことで、利用者の職員への依存が高まってしまい、利用者が自ら「何かをやろう」「やればできる」という前向きな気持ちを失くしてしまうのです。第9講座で説明した学習性無力感に陥ってしまいます。

まずは利用者の想いを

国連の障害者の権利条約の交渉過程で、“Nothing about us without us（私たちのことを私たち抜きに決めないで)”と世界中の障害者が声を上げたのです。職員など周りの人が決めた人生など利用者にとって面白くないのです。やる気が失せてしまいます。これでは、利用者の自立生活とはほど遠いものだと言えるでしょう。

そこで、意思表明の困難な利用者に対して少しでも意思表明の機会を増やし、意思表明していただき、利用者主体の支援につなげていきましょう。今からでも間に合います。利用者の意思を引き出し、それに応える支援を試みましょう。

利用者の支援計画・ケア計画を考える際や実際に支援を展開していく過程で、職員の想いが優先していないでしょうか。そこで、「利用者自身はどう思っているのだろうか」「私が利用者だったらどう思うだろうか」について考えましょう。利用者の想いから支援がスタートするのです。

利用者の想いはどのようなもので、どうしたいのかといった意向を確認したり模索したりする取り組みを行っていくのです。意思表明困難な利用者においても同様です。まずは、利用者の想いや意向を確認するよう努力することがとても大切なのです。

「利用者の想いを引き出し、尊重することの重要性を十分認識している」と思われる読者も多いことでしょう。重要なのは、認識していてもつい忘れがちになってしまうことがあるので、実際にできているか、利用者の想いを尊重しようとしているかどうかを振り返ることです。

利用者の意思表明が基本

利用者の想いを尊重しているつもりでも、ついつい、職員あるいは利用者の家族など周囲の人たちの想いが利用者の想いにすり替わっていることがあります。たとえば、利用者にいくつかの選択肢を提示しているのですが、実際は選択の余地がほとんどなく、周囲の人たちの想いになってしまっていることがあります。あるいは、周囲の人たちが利用者に選択肢を誘導していることもあります。

利用者がある選択肢を選択しようとすると、職員が「こっちの方がいいと思いますよ」と助言（？）したとします。職員の助言と違う方を選択しようとすると、職員が怪訝そうな顔をしたとします。職員の怪訝そうな顔を見た利用者は、自分が選択しようとしていた選択肢と異なっていたとしても職員が助言してくれた方を選択するでしょう。以降、いろいろな選択肢があっても、職員の顔をうかがいながら選択するようになります。これをもって利用者が選択したといえるでしょうか。

皆さんも、このようなことになっていないか、一度振り返りましょう。職員が判断した方が、正確だ、と思うかもしれません。しかし、職員の価値判断だけを優先してしまうことは、利用者主体とは言い難いでしょう。まずは、利用者に意思表明の機会を提供し、意思を引き出し、その想いを尊重する、という流れをしっかりと作っていきましょう。

尊い存在である利用者

しかし実際は、利用者の意思表明や意思決定の困難で、その流れ通りにならない場合もあります。ここで大切なことは、利用者に意思決定を強要することではないということです。利用者の意思決定を尊重することが主体的生活、個人の尊厳の尊重につながると説明しました。そうすると、判断能力が不十分で意思決定できない利用者は主体的生活を営むことができない、個人の尊厳が尊重されない、といった考えがなされてしまう恐れがあります。いわば、意思決定できる利用者だけが主体的な生活を営むことが可能となり、個人の尊厳が尊重されるということになります。そこには、能力主義や自己責任のもと意思決定できる人のみ価値ある存在といった誤った人間観を生み出しかねません。

そこで、個人の尊厳を尊重するという利用者支援の価値を実現するためにどうすればよいのでしょうか。個人の尊厳とは、人は生まれながらにして尊い存在であるということなのです。その人の心身機能の障害の有無、能力、社会的地位、生活状況などにかかわらず、すべての人はこの世に生を受けたことだけをもって尊厳に値する存在なのです。意思決定できる、できないということによって人の価値を決めてしまうことは好ましいことではありません。意思決定の困難な状況にある利用者も一人の人として価値ある存在だという人権思想を決して忘れてはなりません。このことは利用者支援において揺るぎないものなのです。

利用者の意思決定支援

意思決定の困難な利用者に対して、意思決定を強要するのではなく、意思決定を支援していこうとする考えがあります。これは、エンパワメントやストレングス視点に依拠する肯定的人間観にもとづく考えです。利用者の秘めた可能性や潜在性を確信し、職員の適切なかかわりを通して利用者の意思表明や意思決定を支援していこうとするものです。

人は、全てのことを独りで決めるのではありません。同様に、利用者も職員の意思を引き出すかかわり、情報提供、相談、助言をもとにいろいろなことを考え、決めていくのです。職員は利用者が想いを表明できるよう、また日常の小さな事柄でよいので決めていくことができるよう環境を整えていくことが求められています。

石渡和美は意思決定支援の３つのキーワードを提唱しています。

意思決定支援のキーワード

①関係性：本人が本音を言える支援者との信頼関係の構築

②コミュニケーション：本人に理解できる情報提供と本人からの発信の受けとめ

③チームアプローチ：本人の暮らし全体にかかわる支援者総体での支援と連携

利用者が職員を信頼し、本音を言える関係にあるからこそ、利用者は想いを表現するのです。そして、その具体的な利用者の想いを引き出したり利用者の想いをキャッチし読み取ったりしていくには双方の円滑なコミュニケーションが不可欠です。さらに、複数の職員がそれぞれの立場でのかかわりのなかからキャッチしたことを共有することで、より客観的かつ包括的な解釈が可能となるのです。そして、長期にわたる一貫した支援につながるのです。

3つのキーワードは、利用者支援全体にも当てはまります。①の関係性とは援助関係のことであり第15、16講座で、②のコミュニケーションは第17、18講座で、さらに利用者の意思表明の支援については第13、14講座で、③のチームアプローチは第24講座で詳しく説明します。それぞれ確認してください。

意思決定と自己責任

次に、自己責任について考えましょう。自らの判断に責任をもって行動するということが主体性の鍵となることばだと説明しました。自分で決めたことは自分で責任を取るということでしょう。障害者の自立生活を考える際に当事者の判断したことは自己責任であり、支援者の責任ではないという考えがあります。むろん、判断能力の備わっている利用者であれば、多少の失敗を繰り返しながら自立生活に近づくという考えは賛同できます。

一方、支援者として利用者がいろいろなことを判断するのに必要な情報を十分提供できていない場合、偏った情報で利用者が判断してしまうこともあります。なかには、自分の利益のために、悪意をもって利用者に不利益になることが分かっているにもかかわらずある方向に誘導しようとする人たちがいます。そのような場合、利用者の自己責任として片づけてしまうのではなく、利用者が正しい判断できるよう支援することが必要です。ときには、利用者の生活、権利利益を護るために、職員が深くかかわり働きかけていく必要性も生じてくるでしょう。

「利用者が決めたことだから…」と利用者の判断を利用者の自己責任としてしまうのは単なる職務の放棄といえるでしょう。そのような対応には疑問が残ります。利用者の権利利益を護るということが私たちの仕事であることを再度確認したいと思います。

第11講座

日常生活場面でのかかわり

日常生活場面でのかかわりの多い施設・事業所

第10講座で説明した利用者の意思を尊重した支援を展開していくには、利用者の想いを理解することから始まります。施設・事業所において、どのように利用者の想いを理解していけばよいのでしょうか。日常の生活場面のなかに利用者の想いを理解する手掛かりが多くあります。

施設・事業所では、職員は利用者とさまざまな形でかかわっています。生活施設では日常生活援助や介護場面を通して、作業所では作業活動を通して、訓練所では訓練場面を通してかかわっています。そのほか、一緒に食事をしたり、レクリエーション活動に参加したり、歓談の機会があったり、さまざまな場面でのかかわりもあります。実は、このさまざまな場面での職員と利用者のかかわりはとても重要なのです。

相談機関では、面接という明確な目的をもって利用者とかかわっていきます。しかし、施設・事業所では、改まった場面での面接の機会はそれほど多くありません。むしろ、日常生活でのかかわりが圧倒的に多いでしょう。この日常生活でのかかわりのなかに利用者の状況を知る大きな手がかりが見え隠れしているのです。

改まった場面だからこそ、素直な想いを表現できることがあるでしょう。普段言えないことを言えるかもしれません。利用者から改まった場面での面接を希望してくれば問題ないのです。しかし、すべての利用者にそのことを求めるのには無理があります。また、職員から声をかけて面接の機会を設けても利用者が緊張して想いを十分表現できないことも多いようです。

日常のかかわりのなかからの利用者の状況把握

そこで、日常の生活場面での利用者の表情や態度、発言内容などから、その時々の利用者の心身の状況をうかがい知ることがとても重要となるのです。日常の生活場面だからこそ、利用者の自然な姿や素直な想いを垣間見ることができるのです。その自然体の利用者の様子から利用者の様子をしっかり見守りましょう（図表11 － 1）。

図表11 － 1　利用者の心身の状況を知る手がかり

☆いつもと比べて、表情が暗い、辛そうにしている、明るい、嬉しそうだ
☆いつもと比べて、この話題に乗ってこない、さらに会話が弾んでいる
☆作業施設でいつもと比べて、生産量が少ない、不具合品が多く出ている、集中して取り組んでいる
☆いつもと比べて、イライラしている、ちょっとしたことでもすぐ怒る、悲しそうに見えるなど

また、入浴、衣服の着替え、食事、トイレでの介護場面での何気ない会話が実は重要なのです。利用者から発信されたことばにはいろいろな意味があるのです。その意味を理解しましょう。この利用者とのかかわりを単にその場面だけのかかわりで、介護、作業、日常生活援助といった業務そのものの遂行に終わってしまうのか、それらの業務を通して利用者のその時々の心身の状況を理解し、利用者の置かれている状況や想いを理解しようとするのか、表面的には職員の動作は同じに見えてもその意図するものは全く異なっています。そして、利用者も一緒に時間を過ごして自分のことを見守ってくれている職員だからこそ、ある程度自然体で自分自身を表現できるのではないでしょうか。食事の摂取量、排泄物の状態なども重要な健康状態のバロメーターなのです。

利用者の様子をしっかりと見守りましょう

日常のかかわりは立派な面接場面

皆さんは、利用者とどれくらいの時間かかわっているでしょうか。業務の多忙さを理由に利用者とのかかわりを疎かにしていないでしょうか。そして、単に時間の長さだけでなく、利用者の様子を見守ったり、利用者に働きかけたり利用者からの反応を理解したりして利用者の様子をうかがい知るよう努めましょう。職員から利用者に挨拶程度の声掛けをして「○○さんと話をしました」と満足するのではなく、その挨拶をきっかけとして、利用者からの反応をしっかり読み取るよう努めましょう。しっかりと利用者と向き合い、利用者の生活状況を見守っているからこそ見えてくることがたくさんあるのです。

私たちの仕事は、日常の業務そのものが目的ではありません。日常業務を通して利用者の安定した生活支援や利用者の意向を尊重した自立生活支援を行っているのです。適切な支援やケアにつなげていくために、利用者の置かれている状況を理解し、想いを理解するのです。まさに、日常生活場面での利用者とのかかわりは、立派な面接場面といえるのです。

職員は利用者にとっての大きな人的環境

職員と利用者は日常生活のなかでかかわりを持つ機会や場面が多くあるでしょう。職員は利用者にとって何らかの影響を与える存在であります。職員は利用者にとって大きな環境要因となります。職員が利用者にどのようにかかわり、どのような支援を提供するのかによって利用者の生活は大きく左右されるのです。職員が利用者にとって心地よい存在であれば、利用者は職員の前で自然体で振る舞うことができるでしょうし、利用者の生活は安定するでしょう。しかし、そうでなければ、職員は利用者にとって大きなストレス源となってしまうでしょう。職員と利用者との緊張関係のもと、利用者は不安定な状態となってしまいます（図表11 － 2)。

図表 11 － 2　職員は利用者にとって大きな環境要因

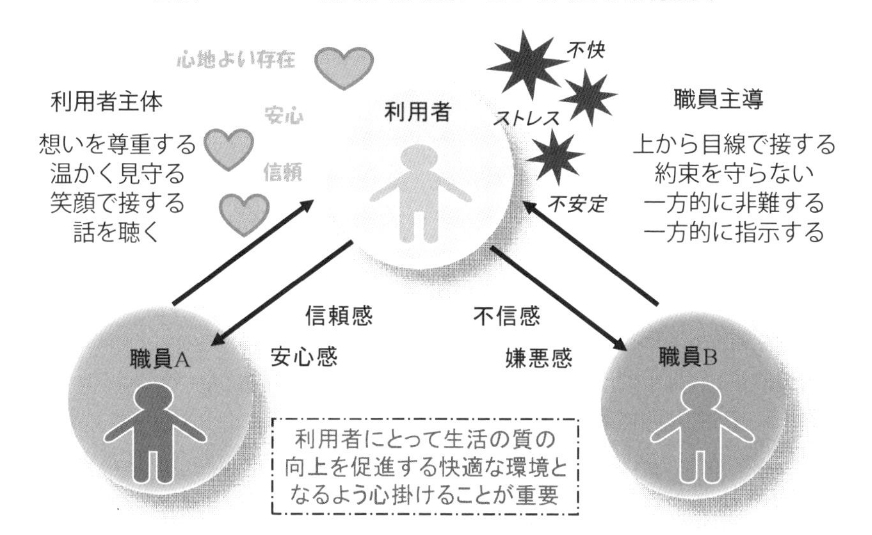

筆者作成

利用者にとって安心できる存在に

皆さんは利用者にとってどのような存在なのでしょうか。安心できる存在、心落ち着く存在、信頼できる存在となっているでしょうか。それは具体的にどのような存在になることを指しているのでしょうか。考えてみてください(図表11 − 3)。

図表 11 － 3　利用者にとってどのような存在か

安心、落ち着く、信頼の存在	不安、恐怖、不信の存在
自分を大切にしてくれる、話を聞いてくれる、受け止めてくれる、的確なアドバイスがもらえる、約束を守ってくれる、個人情報を守ってくれる、嘘をつかない、公平に接してくれる、想いを尊重してくれる、温かく見守ってくれる、笑顔で接してくれる、感情的にならない、自分のことを分かってくれている	忙しく動き回っている、職員の想いを利用者に伝えることの方が多い、利用者の想いを十分受け止めず一方的に否定している、指示したり一方的に何かをさせたりする、非難している、茶化したり馬鹿にしたような対応をしている、上の空で話を聞いている、険しい顔で接している、上から目線で接している、約束を守らない、秘密を守らない

筆者作成

安心、落ち着く、信頼の存在となっているでしょうか。知らず知らずのうちに不安、恐怖、不信の存在になっていないでしょうか。このようなかかわりをしているとどうなるでしょう。きっと、利用者は職員に対して否定的な感情を抱いていることでしょう。利用者が否定的な感情を抱いている職員は利用者にとって不適切な環境となっているのです。

職員のかかわりによって変化する利用者

職員が利用者にとって大きな環境要因であることから、職員の支援のありようで利用者の生活は大きく変わってくるともいえるでしょう。以前、複数の障害者支援施設で利用者の障害特性を十分理解しないまま不適切な対応が行われたことがありました。いわゆる職員主導で、利用者を職員の想いに合わせようとしたのです。しかし、そのことは利用者にとって受け入れ難いもので、利用者が混乱状態となり、パニックなどの症状を起こしました。これを見た職員がどう対応すればよいか分からず、職員自身がパニック状態となり、その場を収めようと力づくで利用者を押さえつけたのです。その後、利用者が不安定になると、部屋に閉じ込めたり、利用者を押さえつけたりすることが日常化していきました。いわゆる虐待の始まりです。

障害特性や利用者理解が不十分であるが故、不適切な対応がなされていたのです。これでは、利用者はますます不安定になるか怯えるばかりです。職員は、このような状態にある利用者を「問題だ」と否定的な捉え方をしてしまうのです。悪循環です。まさに、職員は利用者にとって不適切な環境となってしまったのです。

このことに問題意識を感じた職員が、障害特性や利用者理解を深め、利用者に適切な対応を行うことに取り組みました。まず、研修会に参加したり書籍や雑誌を購読したりして障害特性の理解に努めました。どのようなかかわりが適切で、どのようなかかわりが不適切なのかを学びました。先駆的な取り組みを実践している施設に見学にも行きました。そして、得た知識をもとに、実際に利用者にとって快適な環境とはどのようなものかを考えました。ときには専門家のアドバイスを仰いだこともありました。物理的な空間や一日のタイムスケジュール、職員のかかわり方など多方面から取り組みました。

その後、徐々に利用者に落ち着きが見られるようになりました。利用者の落ち着きは、職員の落ち着きにもつながり、ゆとりをもって利用者にかかわることができるようになりました。さらに、職員の自信にもつながりました。

ある座談会で、「支援のありようで利用者が変わる」と述べられています。利用者が安心して落ち着いた生活を送ることができるのか、あるいは不安定な状態の生活を送るのか、利用者にかかわる職員のかかわり方によって大きく異なってくるのです。利用者と職員との良好な関係は、利用者支援において不可欠であり土台ともいえます。

社会福祉は職員という人から利用者という人を介して提供されるので、対人援助サービスだといわれています。職員は利用者とどうかかわり、支援していくのか、まさに専門性が問われています。

むろん、利用者のことを思って、ときには必要なことを厳しく指摘・注意することはあります。単に、利用者にとって都合のよい存在になるというのではありません。利用者にとって耳の痛いことかもしれませんが、必要なことは指摘したり注意したりしないといけません。しかし、利用者に必要な事柄を指摘や注意しても、利用者に理解してもらえないと意味がないのです。普段からの利用者と職員の関係性がとても大切になってくるのです。この関係性については、第 15 講座の専門的援助関係で詳しく説明します。

第 12 講座

利用者の意思の尊重と生活上のニーズ

ニーズの意味

利用者の意思を尊重するとは、利用者の意思を大切にした支援ということになります。しかし、職員は利用者の意思として表明されたことをすべて受け入れ応えていくべきかどうかという問題が生じてきます。結論を先に述べると、職員は利用者の意向をすべて受け入れ応えていくのではありません。

そこで、「ニーズ」と「欲求」という二つのキーワードを取り上げて考えてみましょう。近年、社会福祉の現場では、利用者のニーズに応えましょうと言われるようになりました。しかし、このニーズということばの意味を十分吟味しないまま使用している気がします。皆さんは、「利用者のニーズ」ということばをどのように捉えているでしょうか。

☞ 利用者が感じている要望あるいは表明した要望や訴え（利用者の意思・意向）
☞ 利用者の生活上必要な事柄

どちらと捉えているでしょう。微妙に解釈が異なっています。前者は、利用者が要望あるいは訴えとして感じているか表明していることです。これを欲求といいます。後者は、利用者が一人の人として生活していくうえで欠かせないものを指します。これを必要といいます。

利用者の欲求が必要であれば、そのままニーズとして捉えることができます。また、利用者が欲求としていないことでも生活上必要なことはあります。これもニーズです。一方、欲求として挙がっているが、必要でないこともあります。欲求と必要は必ずしも同じ意味ではないのです。むろん、ある人にとっては必要でないものであっても別の人にとっては必要となる場合があるので、極めて個別的に見極めていかなければなりません。

人間はよりよい生活を目指して様々な欲求が生じてきますので、そのことが要望として挙がってきます。決して悪いことではありません。要望として挙がってきたことが必要と重なっていることも多くあります。

私たち対人援助の専門職は、利用者の生活上必要不可欠なものをニーズといい、そのニーズを充足していくために支援を行っているのです。私たちは、利用者が要望として挙げてきた内容をニーズ（利用者の生活上必要なもの）であるか否かを判断しなければなりません。利用者の意思として表明されたものであっても、必要と判断されなければ、職員として受け入れ難いものであり、それに応えていくというわけにはいかないのです。

ニーズとみなされない４つの観点

ではなぜ、利用者の意思として表明された内容でも必要とみなされないのでしょうか。大きく４つの観点から考えましょう（図表12 − 1）。

①意思の尊重の根底にある利用者の権利利益の擁護

私たちの仕事の目的は、利用者の生活を護ることにあります。つまり、利用者の権利利益をしっかり護ることが大前提です。権利利益を護って、生活を護ってこそ個人の尊厳も尊重されていくのです。言い換えると、利用者の権利利益や生活を護っていくという目的を達成するために、利用者の意向を尊重するという手段を用いているのです。利用者の権利利益や生活を護ることの方が根底にあります。その根底を覆すことがあってはなりません。そう考えると、利用者の権利利益や生活を脅かすような利用者の意向をそのまま尊重することはできません。慎重に考えるべきです。内容によっては、「No！」と言わなければならないこともあります。

②属する社会（集団）のルールやマナーの遵守

人は、それぞれ所属する社会（集団）のなかで生活を営む以上、守るべきルールやマナーがあり、その秩序を乱してはいけません。利用者も同様です。利用者が所属する社会（集団）、たとえば利用している施設・事業所においても当然、決まりごとがあります。みんながそれを守ることによって、その社会（集団）の秩序が保たれるのです。そして、その社会（集団）に所属している利用者一人ひとりが快適に過ごすことができ、自立生活という目的が達成されるのです。

ところが、社会（集団）の秩序が保てないほど大きく逸脱するとどうなるでしょう。その社会（集団）そのものが成り立たなくなってしまいます。決まりごとを無視して、ある特定の利用者の意向を不必要に優先すると、混乱が起きてしまい、結果的に施設・事業所を利用する他の多くの利用者が不快に感じたり、個人の尊厳が侵害されたり、自立生活という目的が達成されなくなったりしてしまいます。そして、所属する社会（集団）のルールやマナーを守ることができないということは、結果的に利用者自身がその社会（集団）の一員として受け入れてもらえないということになります。

むろん、その社会（集団）の決まりごとが絶対ということではありません。必要に応じて現実的に見直す必要性が生じてくることもあります。また、個別支援の過程において、特段の理由が認められる場合は、例外も考えられるでしょう。ルールありきではなく、柔軟な対応も必要となってくることは言うまでもありません。

③他者の権利の擁護

社会（集団）の一員として生活している以上、他者の権利を侵害してまで自分自身の意向を押し通すことはできません。利用者が自分の都合のみで他者の存在を蔑にするようなことがあってはなりません。私たち職員は、かかわっている利用者すべての支援を行っています。ある利用者の要望を優先することで他の利用者の権利が侵害されることがあってはならないのです。

④現実的な支援

利用者の意向が極めて非現実的な場合は、慎重に対応すべきです。たとえば、「○○さんと結婚して地域で生活したい」と言われても、相手の方がそれを受け入れるとは限りません。「毎日高級食材で豪華な食事をしたい」と言われても、栄養バランスや経済的な理由から難しいでしょう。私たちの支援は、利用者の生活を現実的な観点から考えていくことも忘れてはなりません。

むろん、利用者の意向を一方的に無理だと決めつけてしまうのではなく、その可能性を模索することを怠ってはなりません。その過程を通して現実な生活を見出していきましょう。また、頭の中で漠然と考えているのと現実とは異なっている場合、利用者に現実を実感してもらい、利用者に判断してもらうのもよいでしょう。

現実的な観点から考えよう

図表 12－1　4つの観点からのニーズの判断

利用者支援の価値を拠り所として利用者の尊厳を尊重する

利用者

欲求

欲求

欲求

検討すべき4つの観点

①　利用者の権利利益の擁護

②　所属する社会（集団）のルールやマナーの遵守

③　他者の権利の擁護

④　現実的な支援

4つの観点に沿っている → 意向に応えられる

4つの観点に沿っていない → 意向に応えられない

職員

筆者作成

ニーズとしての判断

しかし、利用者の意向がニーズであるかどうかの判断には明確な基準があるとは言えません。専門職である職員の判断が必ずしも正しいというわけではありません。人々の生活は実に多様で、生活そのものの在り方に対する考えも多様です。ひとつの物差しで単純に決めることのできるものではありません。難しい問題です。

そこで、利用者の意向を尊重しつつ、利用者支援の価値や倫理をしっかりと踏まえた判断や支援が重要となるのです。利用者支援の根底にある権利擁護に照らし、利用者の要望に応えていくことが相応しいのかどうかを専門職である職員が考えていきます。まずは「私が利用者の○○さんだったらどのような想いだろうか」と利用者の世界から考えてみましょう。そのうえで、利用者にとって何がニーズなのかを考えながら見極めていくことが大切となります。利用者の意向を蔑にした職員側の一方的な決めつけは避けるべきです。

とはいえ、われわれ人間はロボットではありません。何十年と生きて培ってきた自分の価値観や人生観を抜きに利用者支援の価値や倫理のみで判断し動いていくことは不可能です。職員の個々人の価値や人生観が必ずそこには付いてきます。これは否定されるものではありません。さらに、ロボットのように淡々と利用者とかかわっているだけでは心のこもった支援とは言えません。職員一人ひとりの人間性や持ち味があり、気持ちや感情があり、その場その場の状況に応じたかかわりができるからこそ、心のこもった対応ができるのです。

そうすると、「利用者の権利利益を護る」という同じ言葉でも、その言葉には賛同しても、具体的にどう運用していくのは一人ひとりの職員によって異なってきます。そこで、次の2つの柱をもとにニーズの理解に努めましょう。ひとつめは、職員自身の自己理解、自己覚知です。自分はどのような考えをするのだろうか、自分が大切にしている考えはどのようなもので、自分が受け入れられない考えはどのようなものだろうか、なぜそう考えるのだろうか、自分自身を冷静に見つめ、自分という人間を理解することが大切です。個人の価値観や人生観を理解しつつ、利用者支援の価値や倫理を自分のなかにどう取り入れているかを知ることでより客観的な判断に近づいていくことでしょう。それでもなお、職員の裁量が働きます。一人の職員の判断にはどうしても主観が拭いきれません。職員の裁量に任せてよいのか、という疑問が湧くことでしょう。

ふたつめは、ひとりの職員が判断するのではなく、より広い視野で客観視するために、複数の職員が情報交換・意見交換しながら見極めていくことが不可欠となります。利用者支援の価値や倫理にもとづいた支援とはどのようなもので具体的にどう支援していくべきかを繰り返し職場で議論していくことで、職員同士の想いを共有し、職場としての方針が定まってくるのです。とっさのときにも組織の考えに適った判断となっていくことでしょう。この点については、第24講座で詳しく説明します。

支援の本質の振り返り

一方で、判断が間違っているのではないかと思ったときや状況が変わってきたという場合もあります。このようなときは、「一度決めたことだらか・・・」と頑なになるのではなく、支援を振り返り、必要に応じて方針を変更するなど再検討し、対応していきましょう。

そこで、重要となるのがアセスメントと支援の振り返りです。私たちは、利用者の自立生活にとって何が大切かを念頭に置き、どのような支援を行うべきかを見極めつつ利用者とかかわっています。それによって、あるべき支援を実施していくのです。ところが、日々目の前の業務に追われたり、目の前の問題に対処することに精いっぱいになったりすると、本質を見誤ってしまうことがあります。展開している支援が利用者の尊厳を損なっていないだろうか、利用者の権利利益を損なっていないだろうか、時折振り返りましょう。そうすることで、職員が利用者の意向に沿えないときがあっても、利用者の権利利益や生活を護っていることをしっかりと主張できるでしょう。

また、職員、職場の判断が常に正しいとは限りません。人間としての限界だともいえるでしょう。大切なことは、自らを振り返り、状況に応じ柔軟に対応していくことでより利用者のニーズに近づけていこうとするその謙虚さと努力だといえます。それだけ利用者の生活に深くかかわる仕事だともいえます。

職員が利用者のニーズを判断し、それに応えていく、これは結局職員主導ではないかという疑問が湧くかも知れません。しかし、利用者の世界から利用者の想いを理解し、可能な限り利用者の想いを尊重し、なおかつ、利用者の権利利益を護ることを根底において、その可能性を模索しているその過程そのものが重要だと思います。判断に至る過程が利用者の想いを尊重し、利用者の世界から理解しようとしたものであれば、利用者主体に近づいているといえるでしょう。結果的に職員の判断かもしれませんが、どのような支援を実施するかは職員、職員の所属する組織が判断するのですから、そのこと自体を職員主導と決めつけるわけにはいきません。

現実に照らした支援の展開

利用者は、さまざまな理由により皆さんの施設・事業所を利用しています。将来に向けての利用、新たな人生を切り出すための利用など前向きな理由もあるでしょう。一方で、利用者自身の選択ではあるものの、地域での生活が限界を超えており困難な状況にあることを利用者が理解しており、渋々入所施設の利用開始に至る場合もあります。

また、利用者ご本人と家族など周囲の人々との意向が異なることがあります。このような場合、利用者の意向を尊重し、なおかつ、家族の意向も十分配慮したうえでの解決策を見出していくべきでしょう。ところが、そう簡単に解決につながらない場合もあります。

要介護状態になった高齢者が地域での生活を営むのに限界が生じたとします。ご本人は住み慣れた住居で生活したいと思っているのです。しかし、家族が極限状態にあり、これ以上はさまざまな福祉サービスを使っても難しい状況に陥ることもあります。家族はご本人に特別養護老人ホームで生活してもらおうと考え話を進めていきます。しかし、ご本人にはそのことを知らされていません。結果、家族の意向が優先され、ご本人は不本意ながら特別養護老人ホームに入所されたのです。ご本人は自宅に帰りたいと懇願するのですが、職員はどうすることもできず、施設での生活を支援していくこととなったのです。施設入所そのものがご本人の意向に反しているのです。ご本人の意向を尊重したいが、現実としてそれができないという葛藤に悩むことでしょう。

このように、ご本人の想いを尊重したいと思っていても、ご本人を取り巻く家族など、周囲の人々の理解を得られないなど現実問題として困難な状況にある場合もあります。もちろん、家族に対して一方的に理解がないと批判できるものではありません。家族も本当はご本人を受け入れたい、住み慣れた自宅で生活してもらいたいと思っているが、無理であるという苦渋の選択なのです。私たちは、決して家族の意向のみに流されるのではないのです。

私たちは、ご本人の意向に反する支援を展開しなければならないという現実のなかで、家族の辛さも理解し、ご本人と家族など周囲の人々の間に立って現実としてどのような支援を展開していくことがご本人にとって最善の支援なのかを考えていくという使命があるのです。施設利用を通して少しでも利用者に快適で安心のある生活、さらに次につながる生活支援を考えていきましょう。

利用者の意思の尊重

利用者支援は、利用者の生活上のニーズを充足するための支援であることと同時に、利用者の意向とは異なりつつも支援が展開されていくという複雑な想いも交錯していることも事実です。そのなかにあって、利用者主体の観点から、利用者の意向をまずは尊重していく職員としての姿勢が求められます。このことを置き去りにして利用者主体の支援は成り立ちません。要望にできるだけ応えていくことが利用者主体の原点にあります。

しかし、要望に応えることが難しいと感じた場合、単に利用者の意向に「応える」「応えない」といった２者択一の判断ではなく、利用者とともにいろいろな可能性を模索していくことも重要となります。なぜ、利用者はそのような欲求を抱いているのだろうか、どのような支援を求めているのだろうか、その欲求は必要（ニーズ）ではないという認識はあるのだろうか、といったことを整理してみましょう。

ときには利用者自身に一度体験してもらい、利用者自身に再考してもらうのもよいでしょう。実際に体験することで見えてくることもあります。あるいは同じ欲求を抱いていた人が欲求を満たそうとしてどうなったのか、実際に体験しなくともモデルを見ることで現実を認知してもらうのもよいでしょう。

注）「利用者のニーズ」ということばの誤解をなくすために、支援計画（ケア計画）を作成する際には、職員間で「利用者のニーズ」を職場としてどういった意味で用いているか、共通認識をもつこととしましょう。外部の専門職と連携を図るとき誤解をなくすために、利用者の要望は「利用者の意向」と表現し、意向

をもとに職場として判断したニーズを「生活上のニーズ」と表現した方が良いのかもしれません。

第13講座

利用者の意思を引き出す支援

利用者の話をしっかり聴き、受けとめること

利用者の意思を尊重していくには、利用者の想いを引き出すことからスタートしなければなりません。本講座では、利用者の意思を引き出す支援について説明します。

緩和ケアを実践している医師の小澤竹俊は、対人援助の原点として、受け止めること、反復と沈黙することの重要性を説明しています。

「人は、自分の苦しみをわかってくれる人がいるとうれしいということです。「わかってくれている」という安心があって初めて、人は心を開くのではないでしょうか」。

「まずは丁寧にその人が今いちばん気になっていることを聴く。「○○ができなくなった」と言われれば、「○○ができなくなったんですね」と反復し、ともに苦しみを丁寧に味わう」。

これらのプロセスがあって患者さんに対する問いかけが生きてくるのだと述べています。このように、利用者の想いを引き出すには、まず、利用者の話をしっかり聴いて受けとめることが大切なのです。そのことができて初めて利用者は話を聴いてもらえる、受けとめてもらえるという安心感のもと、いろいろと表現できるようになるのです。

利用者に聴いてみよう

皆さんは、利用者の想いを聴いて受けとめていますか。聴いているつもりでい

ても職員主導になっている恐れもあります。利用者は、自分自身の生活設計をどのように考えているでしょうか。いろいろな想いを抱いているかもしれません。また、将来の生活といった大きなことでなくとも日常生活の具体的なことに関する想いをまずはしっかり聴きましょう。

日中のプログラムについて、食事についてなどどう思っているのか、満足しているのか聴いていますか。また、何か取り組みたいことや将来の夢や希望があるのかしっかり聴いているでしょうか。たどたどしい返答であってもしっかり聴きましょう。

利用者の想いを「聴く」にあたって、単に利用者に質問するだけでは利用者の想いを十分引き出すことはできないかもしれません。利用者の想いを引き出す聴き方をしなければなりません。

いくつかの柱をもとに整理しましょう。どの職員が聞き取りを行えばよいのでしょうか。基本は、利用者と援助関係のとれている職員が行うのがよいでしょう。利用者自身が自分の想いを言語、非言語を問わず表現できる関係ができていることが大切です。

次に、どのような場所（空間）や時間帯で行うのかも重要なポイントとなります。さらに、どのように聞き取りを行うとよいのかも考えてみましょう。聞き取りの方法は、インタビュー形式に限定せず利用者自身が想いを認識し表現しやすい方法を検討しましょう。職員は利用者に寄り添いながら聴くということを心がけましょう。

場所、時間帯に配慮

落ち着いた雰囲気の中で利用者が話しやすい環境のなかで行う方がよいでしょう。慌ただしい状況やすれ違いざまに単に聞くだけではじっくり想いを引き出すことができないでしょう。また、利用者がその内容、場面をイメージしやすいような場所で行うのも効果的です。食事に関する内容では食堂で行うことでイメージしやすいかもしれません。日中の作業活動に関する内容では作業場で行うことでイメージしやすいかもしれません。

聞きたい内容はあらかじめ確認しておきましょう。たとえば、食事に関して利用者の想いを確認したいとしましょう。施設・事業所で現在提供している食事メニューや食材、味付け、盛り付け、量、食事の時間帯などどのような感想をもっているのか確認したい項目を整理しておくことです。聴きたい項目を整理する際、一人で考えるよりも複数の職員が意見を出し合った方がより広い視野で項目を設定することができます。また、職員である皆さんが食事についてどのような食事を望んでいるのかを念頭に置きつつ項目を設定してもよいでしょう。

聴き方の工夫

聴き方にも配慮が必要です。単に利用者に「食事はどうですか？」と聞いても利用者はどう返答して良いか分からないことでしょう。「食事はおいしいですか？」、「食事の量は多いですか、少ないですか、ちょうどいいですか？」といった具合に具体的な表現を用いて利用者が応えやすい問いかけをしましょう。「好きなメニューは何ですか？」と尋ねて返答できる利用者の場合、この聞き方は適切でしょう。

現状について、「満足している」「普通」「不満がある」といった選択肢は利用者にとって返答しやすいかもしれません。そして、その理由を聴くという流れが良いでしょう。現状の満足度を確認することに加え、それらの項目について「どうなったらさらに満足度が上がるのか」といった希望を確認しましょう。

しかし、返答困難な利用者の場合、どうすればよいでしょうか。直近の1カ月のメニューのなかで利用者がしっかり食べていたメニューをあらかじめチェックしておき、そのメニューを具体的に提示して聞いてみるのもよいでしょう。「鶏の唐揚げ？」「魚（サバ）の煮付け？」といった具合に具体的メニューを提示して確認するのです。

ことばだけでは十分理解できない利用者には適切な情報を提供し、具体的で利用者に分かりやすい表現方法を用いて説明しましょう。写真や絵を同時に提示することでより具体的にイメージできるでしょう。

また、食事をしながら、あるいは食後すぐに「今日の食事はおいしかったですか？」「何がおいしかったですか？」「量はどうでしたか？お腹いっぱいになりましたか？」と尋ねるのもよいでしょう。

職員の質問に利用者が的確に返答するとは限りません。別の話題に移ることもあります。利用者がその時々、一番訴えたいことがことばとして出てくるのです。

このとき、話題をもとに戻す必要はありません。まずは利用者の話をしっかり聴きましょう。そして、その内容をしっかりと受け止めましょう。そのうえで、利用者の話が一段落ついた頃に話題をもとに戻しましょう。職員のペースで聴くのではなく、利用者のペースを尊重しましょう（図表 13 － 1)。

無理をして一度にすべてのことを聴きだす必要はありません。何回かに分けて聴いていきましょう。無理強いすると、利用者にストレスを与えてしまいかねません。利用者が疲れを感じているようであれば、話を打ち切りましょう。そして、別の機会に続きを聴くようにしましょう。

利用者のそのときどきの気分や感情で話の内容が変わることも予想されるので、同じ内容の質問を複数行うことも必要かもしれません。

図表 13 － 1　利用者への聴き方の工夫（食事についての問いかけ事例）

返答可能な利用者

Step1 具体的な表現を用いて問いかける
「食事はおいしいですか」
「食事の量は多いですか、少ないですか、ちょうどいいですか」
「好きなメニューは何ですか」

Step2 現状の満足度を確認し、その理由を聞く
「満足していますか、普通ですか、不満がありますか？」
「その理由はなんですか」

Step3 どうすればさらに満足度が上がるのか希望を聞く
「どうすればもっと良くなると思いますか？」
「どのようにして欲しいですか」

返答困難な利用者

Step1 メニューを具体的に提示して確認する
利用者がしっかり食べていたメニューをあらかじめチェックしておき、具体的に提示する。「鶏の唐揚げ？」「魚（サバ）の煮付け？」

Step2 写真や絵を同時に提示したり、食後すぐに尋ねるなど、具体的にイメージしやすい方法で聞く
「今日の食事はおいしかったですか？」「何がおいしかったですか？」「量はどうでしたか？お腹いっぱいになりましたか？」

Step3 利用者のペースを尊重しながら傾聴する
別の話題に移った場合も、その内容を受けとめ、一段落ついた頃に話題戻す。
利用者にストレスを与えてしまわぬよう、疲れている時は何回かに分けて聞く。
そのときどきの気分や感情で話の内容が変わるかもしれず、同じ内容の質問を複数行うことが必要な場合もある。

筆者作成

適切な情報提供と経験することの大切さ

利用者はいろいろなことを選択するにあたって、判断材料が必要です。職員など信頼できる人からの情報、そのことを実際に経験した人からの情報などが大きな判断材料となるでしょう。しかし、すべて頭の中だけで考えて判断することは難しいでしょう。そこで、より的確に判断するには実際に体験してもらいましょう。

私たちは、経験したことのないことは想像の世界でものを考えます。しかし、経験するのと想像だけなのとでは随分違うということを感じたことがあります。また、経験していないと選択に躊躇することもあります。そこで、利用者にも一度経験してもらうのです。今まで食べたことのない食べ物で、見た目はおいしくなさそうと思うと食べないでしょう。しかし、友人に「美味しいから、一度だまされたと思って食べてみて」といわれ、しぶしぶ一口食べて美味しければ、次回からも食べるでしょう。外見という偏った情報だけで判断していたのですが、いざ食べるという経験をすると、その食べ物の実態が分かるのです。

障害者支援施設が利用者の地域移行に取り組む際に実際に行われていることを紹介しましょう。長年入所施設で生活している利用者は入所施設の生活が当たり前になっているので、地域移行に強い不安があります。利用者に施設での生活と地域での生活のどちらを選択したいかを問うと、多くの利用者が「施設」と答えるそうです。施設だと、職員が生活全般にわたって支援してくれる、食事や健康面でも心配ないなど安全面で施設を選択するようです。地域は、自分でしなければならないことが多くあり、漠然と「不安」がよぎるようです。

これをもって、「利用者は施設を選択している」と判断することには疑問が残ります。利用者は施設での生活しか経験しておらず、ある程度充実した生活を送っておれば、施設を選択するのは当然です。そこで、実際に地域で生活している人の生活場面を見学して実態を見てもらうのだそうです。そして、地域生活を送っている方の話を聞くということ行っているそうです。地域生活の楽しさ、大変さも併せて聞くのだそうです。また、最初は「日中だけでよいから」とか「１泊でよいから」と地域での生活を体験してもらうのだそうです。すると、「自由がある」「いろいろなことができる（刺激がある）」などの理由で、ほとんどの利用者が「地域」を選択し直すそうです。

むろん、たった１泊２日の地域での経験では本当の地域生活を経験したことにはならないかもしれません。しかし、実際に現場を見たり、経験者から話を聞いたり、体験したりしてもらうことで、実感でき、分かることが多くあります。施設生活と地域生活の両方を経験することで、より広い視野で選択できるようになるのです。このように、適切な情報提供と体験によって、利用者が具体的にイメージできるような工夫を行ってみましょう。

第14講座 意思表明困難な利用者の意思を引き出す支援

日常生活の具体的なことからの機会の提供

重度の知的障害者等の意思表明の困難な利用者は、意思決定できない、その能力はないと思っていないでしょうか。そうではなく、これまでそのような経験がほとんどなかったと考えるべきかもしれません。重度の障害があるがゆえに、教育の機会が限られていたり、社会に参加する機会が限られていたり、ごく一部の人との人間関係に限られていたりして、十分な意思決定の機会がなかったといえるでしょう。

意思表明の困難な利用者に対して、いきなり「自分で選んでください」「どうしたいか教えて下さい」と問いかけても、返事はないでしょう。そこで、利用者に意思表明の機会を提供すること、しかもその内容は日常生活の具体的なことから始めましょう。

まずは、二者択一のような選択から始めてもよいでしょう。「おやつ、どれがいいですか？」という聞き方よりも「おやつ、AとBどちらがいいですか？」といった具合に具体的な選択肢を提示して選んでもらいましょう。AとBの選択肢も名称を言うだけでなく、写真や絵カードあるいは実物を提示して利用者がよりイメージしやすい方法を用いましょう。

ある特別養護老人ホームでは、夕食のメインのおかずを選択できるようにしています。昼過ぎに担当職員が「夕食のおかず、鯛の塩焼きとカレイの煮付けとどちらがいいですか？」聞いて回ります。しかし、夕食まで時間があり、しかも「焼き魚か煮魚か」と聞かれてもあまりピンとこない利用者もいるようです。そこで、その場ですぐに返答できない利用者に対して、「じゃあ、夕食の時間に実際に見て選ぶようにしましょうね」と声掛けしています。実際に食べる時点でその時に食べたいメニューの実物を見て選択できるようにすることで、利用者に選択してもらいやすくするうえ、その時々の利用者のニーズに応えていくことができるのでしょう。

施設側からすると、準備の都合上、あらかじめ利用者に決めてもらった方がよいでしょう。しかし、利用者の想いを大切にしたいという思いから食べる直前に選べるようにしているそうです。そして、夜勤勤務の職員が余った方のメニューを食べているそうです。

一度選択した内容を今後も選択するとは限りません。その時々の気分や状況によって変わってくることもあります。「今日は○○を食べたい！」といったことは、私たちも日常のなかで経験することです。その日によって食べたいものは変わります。お魚の大好きな利用者であっても、その都度確認することが重要といえるでしょう。まさに、利用者の意思表明の機会の提供となるのです。

誰だってすぐに決めることは難しい

日常生活の具体的なことから徐々に大きなことへ

日常生活の具体的なことは想いを表現できても、将来の人生設計について質問しても返答のない利用者もおられるでしょう。大きな内容についていきなり利用者に選択を求めることは、決して現実的ではありません。日常生活の具体的なことについて意思表示できる利用者については、その意思表示のメッセージを極力見逃さないようにしましょう。そして可能な限りその想いを叶えるよう応えていきましょう。

利用者からすると、職員は自分の想いに応えたくれた、応えてくれようとしているといった姿勢を目の当たりにして、「意思表明していいんだ」「意思表明するとそれに応えてもらえる」といった肯定的な想いを抱くようになるのではないでしょうか。このことによって、利用者は徐々に主体性を発揮するようになるのです。この地道な取り組みが、さらなる意思表明、すなわち利用者の主体性を育むことにつながっていくのです。そして、より高次の意思表明につながっていくことでしょう。

意思表明の促し

ところが、なかには「このように具体的に選択肢を提示しても二者択一も困難な利用者もいます。どうすればよいのでしょうか？」と疑問を抱いた読者もおられると思います。このような利用者に対しては、職員が日常生活の具体的なサービスを提供していくなかでいろいろなバリエーションを試みて、第 11 講座で説明したように、その時々の利用者の表情、態度やしぐさ、行動などの非言語のメッセージから利用者の想いを読み取りましょう。

たとえば、おやつを提供する際、実際にミカンとバナナを提示し、どちらを選択するかみてみましょう。利用者からアクションがない場合はミカンあるいはバナナのどちらかを提示してみましょう。実際に食べてもらいましょう。別の日に、前回提示したおやつと別のおやつを提示してみましょう。実際に食べてもらいましょう。これを何度か繰り返してみましょう。やがて、ミカンとバナナを提示して利用者が選択するかどうか試みてみましょう。選択できるという機会を提供していくことが大切なのです。ミカンとバナナとではどちらが好みかが分かるかもしれません。一方で、どちらかが好みであったとしても、その日の気分でどちらかを選択するということもあるでしょう。

他の場面でも同様のことが言えます。施設・事業所で実施している日中活動を例に考えてみましょう。利用者が実施したい日中活動を自ら表明することは難しいかもしれません。そこで、利用者ができそうな日中活動を職員が用意し、活動への参加を促してみましょう。その時の利用者の反応をしっかり見ておきましょう。参加を拒否するかもしれません。参加はしないが遠巻きに見ているかもしれません。参加はしているが辛い表情をしているかもしれません。参加したもののすぐに止めてしまうかもしれません。嬉しそうな表情をして参加しているかもしれません。

職員の働き掛けに対して、利用者がどのような反応を示すかをつぶさに見ていきましょう。そして、読み取った利用者の反応にできるだけ応えていくよう心がけましょう。利用者が消極的であったり否定的であったりしたときは、別の活動プログラムを考えて様子を見てみましょう。このことを繰り返しましょう。

ときには、以前理解した内容は間違っているのではないかと気づくこともあります。そのようなときは、柔軟に対応しましょう。もう一度利用者の想いはどのようなものかを振り出しに戻って考えてみましょう。非言語のメッセージを正確に読み取ることはとても難しいことです。誤った解釈をしてしまうことも多いと思います。重要なのは、一度解釈したら決めつけるのではなく、日々の利用者とのかかわりのなかで、継続的に利用者の非言語のメッセージを理解しようとすることです。そして、「われわれの解釈は間違っているのでは？」と思ったら、柔軟に解釈をし直すことなのです。この謙虚さと探求心が利用者の想いに近づく大きな原動力となるのです。

職員主導から利用者主体へ

これまで説明してきたことを整理すると、次のような手順となります（図表14－1）。①まずは、今現在の状況はどうなっているでしょうか。職員が利用者のことを想って、ほとんど判断してサービスを提供したり、利用者の代わりに行ったりしている場合もあるでしょう。

②現時点で、利用者のことを想って職員が判断してサービスを提供したり代わりに行ったりしていること自体、利用者の日々の生活支援にとって欠かせないことですから、否定されるものではありません。しかし、そのことに終始するのではなく、次の段階に進めていきましょう。職員が利用者のことを想ってサービスを提供したり代わりに行ったりするのは、職員から利用者に対する一方向のかかわりとなっている恐れがあります。そこで、利用者と職員との双方向のかかわりを意識しましょう。

③利用者とのかかわりを単なるルーティンワークのかかわりに終わらせるのではなく、かかわりを通して利用者の態度やしぐさ、表情、声の大きさや速度、具体的な行動といった反応から、利用者の想いはどのようなものだろうかと推測してみましょう。利用者から発信された非言語コミュニケーションから利用者の想いを受けとめ理解しようとすることは、「傾聴」ともいえます。利用者の声なき声

を非言語コミュニケーションから理解しようとするのです。「傾聴」は言語コミュニケーションに限定されるのではなく、言語、非言語の両方のコミュニケーションを通してしっかり聴くということだといえます。まさに、全身全霊で「聴く」ということです。④そして、推測した内容に可能な限り応えていきましょう。

⑤さらに、応えたことで利用者がどのような反応を示すかしっかりと見ていきましょう。ここでも利用者からの非言語コミュニケーションをしっかり傾聴しましょう。ときには、想いに応えたつもりだが、あまり反応がない、怪訝そうな顔をしている、提供した内容に対して長時間取り組まないといったこともあるでしょう。一方、そのことにじっと集中して取り組んでいる、とてもいい表情をされた、といったこともあるでしょう。

⑥利用者の反応をもとに職員として対応したことが良かったのかどうかを振り返ります。利用者からの反応が肯定的なものであれば、利用者は職員のかかわりを気に入っておられると考えられるため、それを継続しましょう。利用者からの反応が否定的なものであれば、職員のかかわりを気に入っておられないと考えられるため、利用者の想いやどのようなかかわりが適切なのかを推測し直しましょう。

⑦新たに推測した内容に可能な限り応えていきましょう。⑧このことを何度となく繰り返していきましょう。この繰り返しを通して利用者の想いをさらに理解するよう努めましょう。

図表 14－1　利用者主体への手順

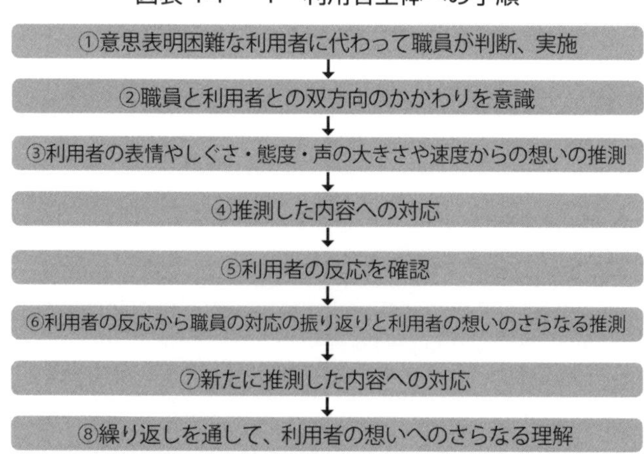

筆者作成

意思表明のどうしても困難な場合

一方、すべての利用者がこのようなプロセスを経ていくわけではないでしょうし、ある程度のプロセスを経ても、生涯の生活の姿について意思表明できるわけではないかもしれません。日常生活の範囲内での意思表明に留まることも多いでしょう。そこで、日常生活支援の積み重ねを通して職員が利用者にとってふさわしい生活像を模索していきましょう。

これまで、利用者の意思を引き出す支援過程を紹介してきました。しかし、どうしても利用者の意思をうまく引き出すことが困難な場合もあります。このような場合は、提供している具体的サービス（プログラムなど）に対する利用者の表情や態度、しぐさ、行動などから利用者にとって安心できる状態、落ち着いている状態はどのような状況なのかを職員が推測してみましょう。そして、利用者にとってふさわしい生活状況を模索していきましょう。職員側からの観点ではあるものの、利用者の状況を総合的に判断し、利用者にふさわしい生活とはどのような生活なのかを考えていくのです。

利用者の想いの推察

職員が利用者の代弁者として利用者の権利利益、生活を護ることを最優先課題として、利用者のより豊かなその人らしい生活を意識して日々の具体的なサービスや支援を展開していきましょう。その際、利用者の生活を職員であるあなた自身に置き換えて考えてみましょう。「利用者の○○さんはどう思うだろう」「私が利用者の○○さんだったらどう思うだろう」と利用者の側から利用者の想いを推測することを心がけましょう。

職員の業務の都合でプログラムを考えるのではなく、私が利用者だったら（利用する立場だったら）何がしたいか、どのような支援を必要とするのかを具体的に整理しましょう。日常生活支援の積み重ねを通して、「○○さんは、△△は好みではないが、□□は好みのようだ」とか「○○さんの生活状況を見ていると、◇◇のような生活が相応しいのではないか」といったことが見えてくるかもしれません。

このような取り組みは、職員の推測の域を脱しきれず、結局は職員主導ではないか、といった批判があるかもしれません。しかし、大切なことは、少しでも利用者の想いを理解しようと努め、利用者の表情、しぐさや態度、行動といった生活状況をもとに利用者にふさわしい生活の姿を模索していく支援、すなわち、利用者の側から利用者の生活を考えていこうとうする支援は決して職員主導ではありません。利用者の立場になって考え、利用者の想いを推測しながらかかわっていくことは、利用者の主体性を尊重した支援といえます。このような地道な取り組みを一人ひとりの利用者について考えましょう。

ある障害者支援施設の職員は、重度の知的障害の利用者支援を考える際、ご本人の表情やしぐさ、態度といった非言語コミュニケーションから利用者の意思を推測するとおっしゃっていました。職員が提供するサービスやかかわりから利用者がどのような反応を示すかをしっかりと観察するのです。利用者が落ち着いた表情、じっくりそのことに取り組んでいるということから気に入っておられると推測します。逆に、顔を背けたり、手で払いのけたり、長続きしなかったりすると、気に入らないのだと推測します。利用者自身の反応から、どのような生活をご本人が望んでおられるのか、すなわちご本人の意思を推測しているのだそうです。

支援に正解はない

これらのことは、ことばで説明するのは簡単なのですが、いざ実行するとなると大変な道のりなのです。しかし、地道にあきらめずに取り組んでいきましょう。

生身の人間と生身の人間とのかかわりである利用者支援には、常に正解があるということではありません。どのような支援が適切なのか、悩むことも多いと思います。あるべき支援に近づけるようさまざまなかかわりを試みるそのプロセスが重要なのです。言いかえると、それだけ利用者支援は奥深いものであり、マニュアルで済まされる仕事ではなく、職員の裁量が問われるやりがいのある仕事だともいえます。

複数の職員の目

一人の職員でこのことを行うのではなく、複数の職員が一人の利用者についてかかわっていくことが大切です。なぜなら、一人の職員による見立てだと主観となります。偏った見方や解釈となってしまいます。複数の職員がそれぞれ解釈した内容を共有することで、より幅広い解釈が可能となります。いわば、より客観視できるのです。

また、今回紹介した取り組みは並大抵の努力ではできません。ときには一人では長続きしません。最初はやってみようと意気込んでも、目に見える形で利用者からの反応を解釈できないと「どうせ無理だったんだ」といったあきらめの境地に陥ってしまいます。そうするとルーティンワークを遂行するだけの職員になってしまう恐れがあります。

しかし、職場全体で取り組むことができるなら、みんなで気持ちを高めていくことができます。利用者のわずかなメッセージに気づく職員が一人でもいるとそれを共有することで職場全体の気づきになるでしょう。そして、職場のみんなで励まし合いながら、声を掛け合いながら利用者のわずかなメッセージを解釈しようという雰囲気を高め、維持するようにしてください。

皆さんの職場は、このように普段から職員間のコミュニケーションが取れる職場でしょうか。最低限の連絡・申し送り事項しかコミュニケーションできない職場でしょうか。それとも、日常の細々としたことやちょっとした気づきでも情報共有できる職場でしょうか。こう考えると、職員間のコミュニケーションやチームワークがいかに利用者支援にとって重要かお分かり頂けると思います。一人で利用者支援に従事しているのではありません。職場全体で利用者支援に携わっているのです（図表 14 － 2）。

図表 14 － 2　複数の職員の目

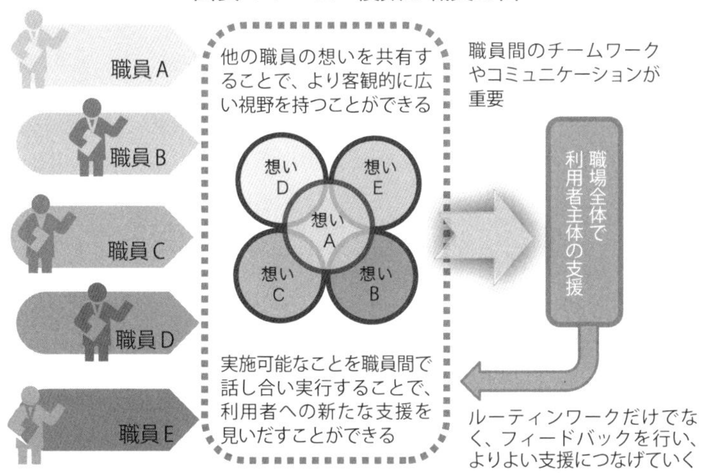

専門的援助関係を土台とした支援の展開

第 15 講座　専門的援助関係

第 16 講座　さまざまな援助関係の形

第 17 講座　対人コミュニケーション

第 18 講座　利用者とのコミュニケーション

第 19 講座　支援の展開過程

第15講座

専門的援助関係

利用者のニーズに焦点を当てた関係

利用者の生活に深くかかわる社会福祉の仕事は、利用者の権利利益、生活を護り、ニーズに応えるという一定の目的があります。そのために、利用者がどのような生活を送っているのか、どのような問題を抱えているのか、どのような支援を必要としているのかを正しく理解しなければなりません。そして、利用者支援は職員が一方的に進めていくものではありません。これまで説明してきたように利用者の意思を尊重しつつ、利用者とともに取り組むものなのです（図表15－1）。

図表15－1　利用者のニーズに焦点を当てた援助関係

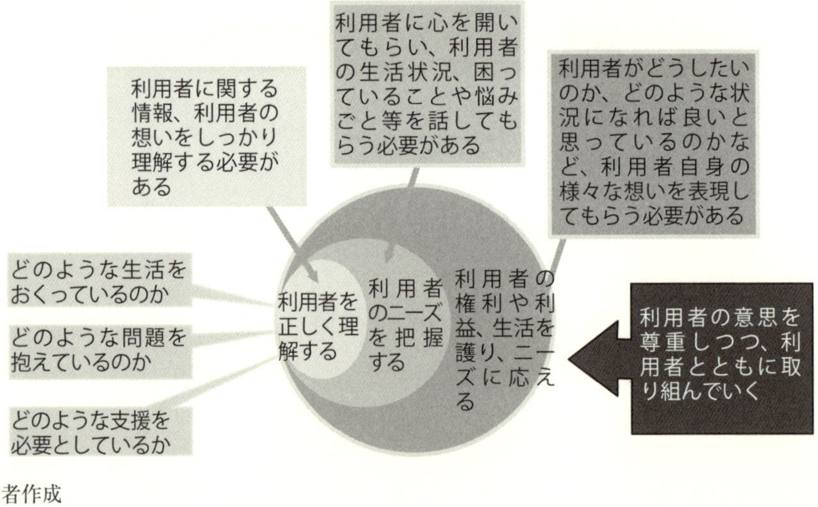

利用者に心を開いてもらい、利用者の生活状況、困っていることや悩みごと等を話してもらう必要がある

利用者に関する情報、利用者の想いをしっかり理解する必要がある

利用者がどうしたいのか、どのような状況になれば良いと思っているのかなど、利用者自身の様々な想いを表現してもらう必要がある

どのような生活をおくっているのか

どのような問題を抱えているのか

どのような支援を必要としているか

利用者を正しく理解する

利用者のニーズを把握する

利用者の権利や利益、生活を護り、ニーズに応える

利用者の意思を尊重しつつ、利用者とともに取り組んでいく

筆者作成

社会福祉の仕事の目的を達成するためには、利用者に関する情報、利用者の想いをしっかり理解する必要があります。そのために、利用者に心を開いてもらい、利用者の生活状況、困っていることや悩みごとを打ち明けてもらわなければなりません。人には言いたくない悩みを打ち明けてもらったり、家族関係や家庭内の問題を話してもらったり、経済状況を教えてもらったりするのです。利用者や家

族に関する個人情報を提供してもらうのです。そして、どうしたいのか、どのような状態になれば良いと思っているのかなど利用者自身のさまざまな想いを表現してもらうことが必要となります。言い換えると、利用者に多くのことをさらけ出してもらわなければならないのです。

専門的援助関係

利用者は、支援を受けるにあたって、多くの不安を抱えていることでしょう。職員は自分を大切な存在としてかかわってくれるだろうか、自分の想いを聞いて受けとめてくれるだろうか、その想いを尊重してくれるだろうか、一方的に批判されないだろうか、個人情報を他人に漏らさないだろうかなどさまざまな不安がよぎるのです。

利用者が職員に対して、怖い、信用できない、頼りない、要領を得ない、自分を大切にしてくれない、小馬鹿にしている、非難ばかりしてくるといった感情を抱いていると、心を開いて本音をさらけ出してくれません。利用者と職員との間に信頼関係ができて初めて、利用者は本音で向き合ってくれるのです。「あの職員は自分のことを大切に思ってくれている」、「自分の想いを受けとめてくれる」、「自分の想いを尊重してくれる」、「個人情報を守ってくれる」、「頼りになる」、「いろいろな相談に乗ってもらえそうだし、お願いできそうだ」と感じてもらえて初めて支援が深まっていくのです。

そこで、重要となるのが利用者と職員との間で取り交わされる関係です。いわば、利用者が職員に個人情報を提供したり想いを打ち明けたりするだけの人間関係が形成されていなければなりません。そして、利用者と職員がそのことを共有できて初めて支援が進んでいくのです。この利用者と職員との支援を目的とした人間関係を援助関係といい、支援を展開していく上での土台となるものです。

このことは、ことばによるコミュニケーションの難しい利用者にも当てはまります。利用者自身がことばで悩みを打ち明けることはないかもしれませんが、信頼のおける職員、関係がとれている職員には非言語コミュニケーションを通して利用者のさまざまな想いが表現されるのではないでしょうか。また、信頼のおける職員、関係がとれている職員がそばにいると、落ち着いた表情で安心した生活を送ることができるのではないでしょうか。

支援という目的のために形成される援助関係は、職員の個人的な愛情や好意といった関係ではなく、社会的、公共的なものなのなのです（黒川昭登）。このように、利用者支援という目的に沿って意図的に作られた関係であることから、専門的援助関係といわれています。

専門的援助関係形成の効果

専門的援助関係の形成によって、どのような効果が見えてくるのでしょうか。土屋幸己は、援助関係の形成に努め、利用者が自分の課題を理解し、表現できるように支援する姿勢を心掛けることで、次のような関係が形成されると述べています。

- 話を聴いてくれる人がいるということがわかる
- 困っていることも含めて自分のことについて語れるようになる
- 支援者に対して信頼感をもつ
- 話をしているうちに、自分で自分の課題が整理できるようになる
- 自分の今後を描けるようになる（本人が自分の人生を主体的に生きる出発点）
- そのために自分がなすべきことがわかるようになる

専門的援助関係の形成は、利用者支援に向け重要な役割を果たしているのです。

バイステックの７原則

専門的援助関係を形成するにはどうすればよいのでしょう。バイステックが利用者と職員とのより良い援助関係を形成するために提唱した７つの原則がとても参考になります。この７原則は、利用者が支援を受けるにあたって抱える共通した不安と欲求があり、それに応えることによって援助関係の形成につながるという考えから提唱されたものです。

- クライエントを個人として捉える
- クライエントの感情表現を大切にする
- 援助者は自分の感情を自覚して吟味する
- 受けとめる
- クライエントを一方的に非難しない
- クライエントの自己決定を促して尊重する
- 秘密を保持して信頼感を醸成する

援助関係を深める表情、態度、しぐさ

援助関係の基本は、利用者と職員との双方の信頼関係にあります。信頼関係が土台となって援助関係が形成されていきます。

バイステックは、このような良好な援助関係を形成するには、職員の利用者に対する接し方、職員の態度、表情やしぐさが極めて重要だと述べています。ことばでいくら都合のよいことをいっても、利用者に対する接し方や態度がことばと矛盾しておれば、そのことは利用者に伝わってしまうのです。職員から利用者に対する接し方や態度を受けて、利用者から職員に対して表情、態度、しぐさを通してさまざまな想いが表現されるのです。利用者が職員に信頼を寄せているなら、肯定的な表情、態度、しぐさとなって表現されることでしょう。

素晴らしい支援を行ってくれても、職員を人として近づきにくい、気難しい、冷たいと思われては元も子もないでしょう。一方、いくら親切で親身になってくれていても一向に生活状況が改善しなければ職員の信頼も無くすことでしょう。そこで、援助関係の形成には適切な支援と職員の利用者に対する表情、態度、しぐさといった接し方の双方が不可欠となるのです。

バイステックの7原則を踏まえつつ、職員は図表15－2、図表15－3のような接し方や態度で利用者とかかわることが大切となります。

図表15－2　信頼関係を形成するための職員の接し方の例

- 利用者を大切な存在としてかかわる
- 高圧的な態度あるいは冷たい態度で接するのではなく、温かい雰囲気を醸し出す
- 利用者の立場に立って考え、利用者の利益を優先する
- 親身になって話を聴く
- 利用者の想いを大切にする
- 真心をこめて丁寧に接する
- 利用者のことを分かろうと努力する
- いい加減な対応をしたり表面的に取り繕ったりしないで、しっかりとした対応を行う
- 利用者のことを見守っている
- 一緒に取り組んで行こうという姿勢を示す
- 約束を守る
- ときには的確なアドバイスをする

筆者作成

図表 15－3　具体的な態度、表情、しぐさの例

肯定的な態度、表情、しぐさ	否定的な態度、表情、しぐさ
職員からの声掛け、そばについて見守る、じっくり構えてしっかりとかかわるという姿勢、前傾姿勢で話を聴く、話についていく、話に集中する、最後まで話を聴く、うなずく、利用者に話を促す、すぐに否定をしない、笑顔や温かいまなざしで接する、利用者の想いに共感する表情	怒った表情、こわばった表情、険しい顔、ぐっと睨みつける、面倒くさそうな表情、うす笑みの表情、嘲笑、よそ事をしながら話を聞く、上の空で話を聞く、カチカチとペンを叩く、腕組みや足組みをする、のけぞり返った姿勢で座る、ため息をつく、舌打ちする、時計をちらちら見る、あくびをする、話を遮る、すぐに話題を変える、首を傾げたり手を横に振ったりする、声を荒げる

筆者作成

馴れ馴れしい態度では援助関係は深まらない

職員が利用者に「ちゃんづけ」やニックネームで呼んだりふざけたり茶化したりといった馴れ馴れしい態度で接することで、親近感が湧き関係が形成されたと思っていませんか。親しみを込めてかかわっているつもりかもしれませんが、それは本当の援助関係とはいえません。なぜなら、表面的には親しい間柄のように見えるかもしれませんが、利用者支援という目的の関係ではなく、単なる人と人とのやり取りに終わっているからです。また、職員からの一方的な思い込みに終わっていることも多いからです。利用者やご家族は職員の馴れ馴れしい態度をどう思っているでしょう。不快に思っているかもしれません。

本当の援助関係の形成を意図するなら、目先の表面的な関係にとらわれることなく、じっくりと利用者とかかわり利用者の生活上の問題に向き合うという姿勢を貫くことです。先を見越した援助関係の形成を心掛けた態度で利用者に接することで援助関係は深まっていくものなのです。

ある福祉施設職員が「馴れ馴れしい態度で接することでしか信頼関係を築けないとするなら、それは素人でもできます。本当のプロだったら、大人としての対応を行ったとしても信頼関係は築けるはずです」とおっしゃっていました。そして、その職員は、重度の知的障害の利用者に対しても実に丁寧にかつ、言葉遣いや接し方も大人としてかかわっておられます。ですから、利用者本人、家族、他の職員からも信頼が厚いのです。まさに、プロだと思いませんか。やろうと思えばできるのです。一歩を踏み出すことが大切です。

徐々に深まる援助関係

支援の開始当初はバイステックの原則にもとづいて援助関係形成に力を注ぎます。しかし、援助関係がすぐに形成されるとは限りません。支援過程を通して深まっていくものだといえます。援助関係が急速に深まったと感じることもあれば、少し疎遠な関係になってしまったと感じることもあります。また、日々のかかわりを通して徐々に関係が深まっていくこともあります。このような繰り返しを経て援助関係は深まっていくものです。

表面的なやり取りはできていても本質にはなかなか踏み込めないという利用者もいるでしょう。しかし、焦ることはありません。じっくりとかかわっていきましょう。図表15－2、図表15－3のような態度でかかわっていると、きっとそのことが利用者に伝わっていくでしょう。援助関係が形成されなければ、支援を行えない、というものではありません。施設・事業所では、十分な援助関係が形成されていなくとも、利用開始と同時に日々の支援が行われるわけですから、支援過程を通して徐々に援助関係は形成されていくものです。

第16講座

さまざまな援助関係の形

理性的な側面と情緒的な側面

援助関係は、利用者支援という目的のために形成された関係である一方、利用者と職員という人間同士の関係なのです。支援を効果的に展開する理性的な側面と生身の人間である利用者と職員とが相互にかかわり合う情緒的な人間関係の側面を持ち合わせているといわれています（芝野松次郎）。このどちらの側面も大切なのです。

職員と利用者の良好な人間関係を通して支援が展開されていくのですが、実際にはさまざまな葛藤や摩擦が生じてくるでしょう。

転移現象

私たちは生まれてから今日に至るまで、実に多くの人々とのかかわりを経験しています。通常、生まれて最初に深くかかわっていく人といえば両親でしょう。あるいは、自分を育ててくれた人でしょう。その後、かかわりの輪は広がっていきます。親戚、近隣住民、学校の先生、同級生、先輩や後輩、習い事の先生、アルバイト先の人などです。私たちは多くの人とのかかわりを通してさまざまな影響を受けながら育ってきたのです。自分の人生に大きく影響を及ぼした人もいたことでしょう。

皆さんにとって大きく影響を及ぼした人はどのような人だったのでしょうか。「自分を大切に思ってくれた」「親身になって自分のことを考えてくれた」「優しかった」「憧れ」「頼れる」といった肯定的な印象を抱いた人との出会いがあったことでしょう。一方で「いじめられた」「怖かった」「厳しかった」「冷たかった」といった否定的な印象を抱いた人との出会いもあったかもしれません。なかには、「大好き」「大嫌い」「恋愛感情がある」といった想いを抱いた人もいたことでしょう。このような想いを内に秘め生活しているのです。利用者も同様です。

利用者の目の前に現れた職員がかつて利用者に大きく影響を及ぼした人と外見や雰囲気がよく似ているということがあります。利用者は、かつて自分に大きく影響を及ぼした人と目の前に現れた職員を重ねて見てしまうことがあります。そうすると、支援という目的のために現われた職員なのですが、かつて自分に大きく影響を及ぼした人に接するように職員に接してしまうことがあります。これを精神分析で転移といいます。

目の前に現われた職員が大好きだったお父さんと像が重なってしまうと、利用者は父親に甘えるように職員に接してくるかもしれません。逆に、とても怖かった学校の先生と像が重なってしまうと、萎縮したり攻撃的になったりするかもしれません。大好きだった異性と像が重なってしまうと、恋愛感情を抱いたり性的な欲求を満たすようななかかわりをしたりしてくるかもしれません。利用者が職員に個人的な感情を抱いているのです。

皆さんは、「利用者の○○さんは、私にだけやけに攻撃的に接してくる」「利用者の○○さんは私に対してやけに甘えてくる」といったことを感じた経験はないでしょうか。このようなとき、皆さんは利用者にどのような想いを抱いたでしょうか。また、利用者にどう接していますか。攻撃的な利用者に対して、攻撃的に返したり萎縮したりしていませんか。利用者のこのような個人的な感情に巻き込まれないようにしましょう。職員が利用者の個人的な感情に巻き込まれると、適切なかかわりができなくなってしまいます。転移という現象があることを知っておくことで、利用者が皆さんに向ける個人的な感情の意味を冷静に見つめることができます。

ところが、直接利用者とかかわっている職員自身はそのことに気づきにくいのです。そこで、周りの職員が利用者の転移現象をその職員に伝えてあげましょう。その職員の気づきを促していきましょう。また、転移現象に対して、利用者にそのことをすぐに指摘するのではなく、しばらく様子を見守りましょう。

逆転移現象

利用者から職員に向けられる個人的な感情を転移というのに対して、職員から利用者に向けられる個人的な感情を逆転移といいます。職員も生身の人間です。生まれてからこれまで多くの人とかかわりを持ち、その人たちからさまざまな影響を受けてきました。その人たちに対してさまざまな感情を抱いています。

かつて自分自身が影響を受けた人と利用者と像を重ねてしまうのです。たとえば、特別養護老人ホームの介護職員が入所してきた利用者と幼少のころ恐怖心を抱いていた祖母と像を重ねてしまうといったことです。このとき、介護職員は、その利用者を避けようとしたり、あるいは幼少期の反発からその利用者に辛く当たったりします。しかし、介護職員はそのことに気づいていないとすると、不適切なかかわりとなってしまいます。

皆さん、あるいは皆さんの職場の職員のなかに特定の利用者に対して、ついイライラする、怖い、嫌いといった感情を抱いている、とくに何とかしてあげたい、甘えたい、異性を感じる、といったことはないでしょうか。

職員が特定の利用者に対して辛く当たったり、甘えたり、あるいは特別扱いをするといったことは好ましい関係とは言えません。そこで、転移同様、他の職員が気づきを促すかかわりが必要となってくるのです。

転移にしても逆転移にしても、職員が気づいたからといってすぐに適切なかかわりができるとは限りません。しかし、このような現象が起こりうるのだ、ということを知っておくことで職員の気づきが促され、利用者との距離を一定程度保って様子を見守るといった冷静な対応が可能となるでしょう。

施設・事業所と利用者との対等な関係

1990年代の後半に示された社会福祉基礎構造改革以来、利用者と福祉サービスを提供する施設・事業所との対等な関係が重要であるといわれています。当然、施設・事業所の一員として仕事をしている職員と利用者との関係も対等な関係ということになります。かつて、職員の肩書が指導員、寮母、療護員、と言われていました。今は、相談員、支援員、介護員といった名称に変わっています。

しかし、実際はどうなっているでしょうか。ことばで表現するほど、対等な関係を具体的にイメージしたり対等な関係になっていたりすることは難しいのではないでしょうか。

利用者と職員との関係性

利用者と職員との関係にはいくつかのパターンがあるといわれています（本田勇）。

①対等な関係、と言われても、まだまだ、利用者やご家族は「施設にお世話になっている」といった感覚が強く、へりくだっているかもしれません。職員も介護などの生活面で世話をしている、代わりにやってあげている、判断能力の不十分な利用者に対して「○○させている」といった感覚を抱いているかもしれません。職員が主導権を握っている表現です。利用者は職員に依存してしまいます。職員の言うとおり任せておればよいのです。

②利用者の立場が強く、職員が利用者の強すぎる権利主張に押されてしまっている場合もあります。利用者の一方的な主張に職員が萎縮したり十分対応できていなかったりして受け身の姿勢となってしまい、専門的なかかわりができなくなってしまいます。利用者の意思決定が尊重される一方、クレイマーのようになる恐れがあり、職員が翻弄されてしまうのです。

③利用者と職員双方とも立場が弱く、専門的援助関係が形成されず、支援も十分なものとならない場合があります。利用者は受け身の姿勢です。その利用者に対して、職員も自信がなく不安な想いのままどうかかわっていけばよいか分から

ない状態になっているのです。

④利用者と職員双方とも主張が強く、対立している場合もあります。双方、相手の立場を理解するよりも自分の立場を主張しているのです。職員は冷静な対応ができなくなってしまいます。

⑤利用者、職員のどちらの立場が強いかということではなく、双方適度に主張がなされ、相手を受け入れています。相手の立場を理解し、尊重し合っているのです。いわゆるパートナーシップの関係なのです。

これらの5つのパターンは、代表的なパターンを示したもので、利用者と職員の関係は双方の関係性であり、それほど単純に整理できるものではないかもしれませんが、参考となるのではないでしょうか。

利用者との関係の在り方や形成過程での悩み

私自身、福祉の現場で働いているときは利用者との関係の在り方や関係形成について、不安や迷いが多くありました。利用者主体といいつつも、どのような関係が望ましい関係なのか、分からなかったのです。Aさんと私、Bさんと私、一人ひとりの関係性は異なってきます。すべての利用者と全く同じ関係性というわけにはいきません。

一人の利用者に対しても、支援の過程で関係性が変わってくることもあります。最初は職員が主導権を握っていたとしても、支援過程を通して徐々に利用者との関係の在り方を変えていかなければなりません。

一方、ある特定の利用者との関係をうまく形成できず、悩んだこともあります。作業所で働いていたためか、作業面に関して主導権を握ろうとして利用者とぶつかることもありました。利用者の生活面でも、「○○さんはこうすべきだ」と決めつけていたこともありました。どうしても利用者が心を開いてくれない、避けている、攻撃的に接してくる、といったこともありました。皆さんも同じような経験をしたことがあるでしょうか。あるいは今後、このような経験をするかもしれません。

利用者、職員ともに生身の人間です。感情も持ち併せています。専門職なのに利用者との関係をしっかり形成できていない自分はダメな職員だと思う必要はありません。自分自身の気持ちに正直になりましょう。その利用者にどのような感情を抱いているでしょうか。また、利用者はなぜ、自分に否定的、攻撃的な態度で接してくるのでしょうか。一度冷静に振り返ってみましょう。そのうえで、どうかかわっていけばよいかを考え、試行錯誤しながら利用者とかかわってきましょう。必ずしもうまくいくとは限りません。しかし、第15講座で説明した接し方や肯定的な態度で利用者にかかわっていく努力は続けて下さい。

双方向の関係と利用者からの収穫物

職員は仕事として利用者に福祉サービスを提供しています。しかし、利用者支援は職員と利用者とのかかわり、すなわち「人と人とのかかわり」を通して提供されているのです。これは、職員から利用者への一方向のかかわりではなく、利用者と職員との双方向のかかわりなのです。つまり、利用者からも職員に向けたメッセージがたくさん出ています。利用者の考え、振る舞い、知識や知恵、情緒、気持ちや感情といったものが、必ず職員に発信されているのです。このようなメッセージを職員が受けとめているかどうかが重要となるのです。

利用者が高齢者であれば、人生の先輩として多くの経験から育まれた知恵や知識をもっているでしょう。これらは私たち職員の一人の人間として生活していくうえで癒しであったり、新たな学びや気づきであったり、対人関係能力を磨くきっかけであったりもします。利用者から出されたこれらのメッセージを「人生の糧」として受けとめ、自分自身のなかに吸収できたとき、職員は社会人、組織人、専門職業人に加え、一人の人間として成長していくのです。

私は、就職したばかりの頃、どちらかというと知性や専門的知識・技術を発揮することが福祉職員のあるべき姿だと考えていました。いわば、理性的な側面だけで利用者との関係を形成しようとしていたのです。かつて私は、知的障害者施設の職員が「利用者と接していると、ほっとする。心が和む」と言っていたことに賛同できませんでした。なぜなら、「専門職たるもの、利用者と過ごしてほっとするとはどういうことか？」と疑問を感じていたからです。しかし、このことは今になって思えば、職員は利用者に常に与えるといった一方向の関係しか考えていなかったのかもしれません。しかも、知性や専門的知識・技術が第一であるといった偏った見方しかできていなかったのです。むしろ、「ほっとする、心が和む」といった職員に対して専門性に欠けるのではないかと思っていたのです。しかし、そのような考えの私は、「人と人とのかかわり」という対人関係を基礎とした対人援助にはなっていなかったのです。

私たち職員は、福祉サービスを提供しています。一方で、利用者からも一人の人として多くのことを受け取っているのです。決して一方向ではないのです。認知症高齢者、要介護状態にある高齢者、心身機能の障害者、被虐待児童である前に私たちと同じひとりの人間である、という認識で利用者とかかわるべきです。利用者を一人の人として認識でき、双方向のやりとりができると認識できてこそ、対等な関係へと一歩近づくのではないでしょうか（図表16－1）。

図表16－1　双方向の関係と利用者からの収穫物

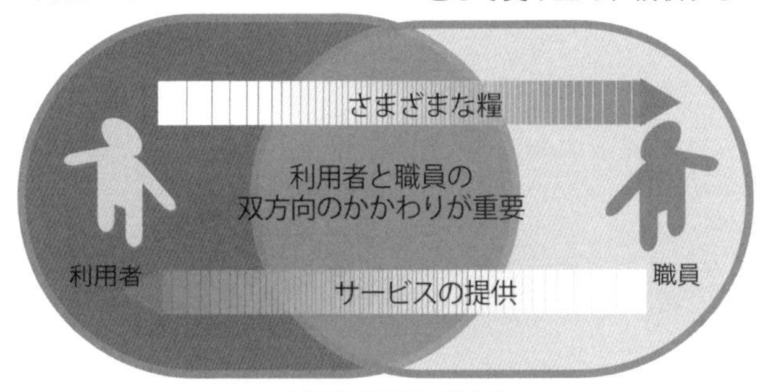

筆者作成

第17講座

対人コミュニケーション

対人コミュニケーションとは

職員と利用者とのやり取りはコミュニケーションだといえます。人と人とのコミュニケーションを対人コミュニケーションといいます。コミュニケーションは、話し手と聞き手によって成り立っています。そして、コミュニケーションは、言語コミュニケーションと非言語コミュニケーションを通してさまざまなメッセージがやり取りされています（図表17－1）。このメッセージによって話し手から聞き手に物事を伝達していきます。

図表17－1　コミュニケーションの内容

コミュニケーション		内容
言語コミュニケーション		話しことば、書きことば
非言語コミュニケーション	準言語	話す速度、抑揚、声の大きさ、声の高さ、間の取り方、字体、字の大きさなど
	非言語	身振り・身体の姿勢などの動作、しぐさ、顔の表情、触れる・撫でる・叩く・抱くなどの身体接触、対人距離、服装、化粧、装飾品など

出典：京都府社会福祉協議会監修･津田耕一著『福祉職員研修ハンドブック―職場の組織力･職員の実践力向上を目指して―』ミネルヴァ書房、2011年、p.35

聞き手はそれを受け取ってどのように解釈したのかを話し手に伝え返します。この繰り返しによって、双方向のやり取りがなされ、話し手と聞き手の相互理解が深まります。コミュニケーションは決して話し手から聞き手に何かを伝達するという一方向で終わるものではありません。聞き手が話し手となり、話し手も聞き手となり、双方向のやりとりが行われ、やりとりの内容を双方が共通に理解することが大切なのです。この双方向のコミュニケーションによって、お互いが影響を及ぼし合っているのです。新たな気づきや学びがあれば、それは思考レベルに影響を及ぼしたことになります。そして、新たな動きにつながったのであれば、行動レベルに影響を及ぼしたということになります。

相手に伝わるコミュニケーション

職員と利用者とのコミュニケーションはとても重要である一方、とても難しいものでもあります。相互理解が十分深まらず、誤解が生じてしまい、ときには葛藤を生み出してしまうこともあります。

対人コミュニケーションでは、話し手が聞き手に何かを伝える際、話し手のフィルターを通って聞き手に伝えられます。フィルターとは思考や感情をいいます。つまり、話し手の主観が混じり込んでメッセージが発信されるのです。ある事柄の事実だけを伝えるのではなく、話し手の見解を混ぜて伝えていくのです。

そして、受け取る側である聞き手側にも限界があります。話し手が意図する内容を聞き手がその通りに受け取るとは限らないのです。聞き漏らしがあったり、聞き手も話し手同様にフィルターを通して解釈したりします。そこに、聞き手と話し手との間に解釈の違いが生じてきます。

皆さんがある出来事に遭遇したと仮定しましょう。その状況を他の人に伝えるとします。皆さんはその場面をすべて理解しているとは限りません。そして、皆さんなりに理解したことをすべて聞き手に表現できているわけではありません。漏れが生じています。しかも、皆さんのフィルターを通っていますので、皆さんなりの解釈が入っています。この時点で事実が一部欠落し憶測が入り込んでいます。

そして、聞き手も話し手である皆さんからの情報をすべて受け止めているわけではなく聴き洩らしがあります。さらに聞き手のフィルターも通ります。この時点でも事実が一部欠落し憶測が入っています。

このように、話し手から聞き手に伝えるだけでも事実が欠落し憶測が入り込んでいるのです。皆さんは、「ちゃんと伝えたのに、相手に伝わっていなかった」という経験をしたことがあるのではないでしょうか。相手に伝えることだけを意識するのではなく、「相手に伝わるコミュニケーション」を心掛けていくことが大切なのです（図表17－2）。

図表17－2　相手に伝わるコミュニケーション

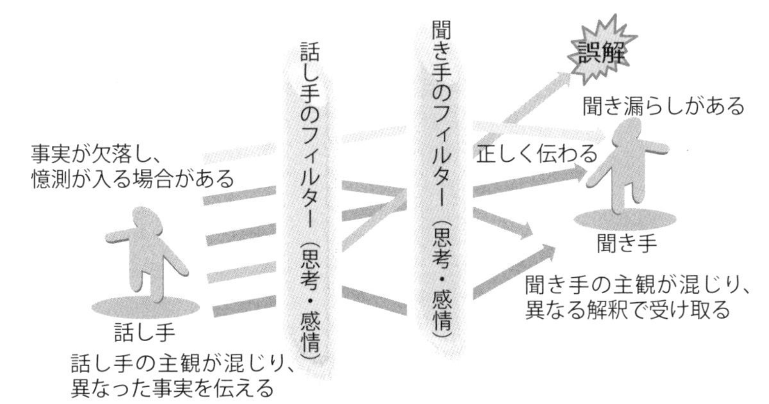

筆者作成

双方向のコミュニケーション

コミュニケーションは話し手と聞き手との双方向のやり取りによって成り立っています。職員が利用者からのさまざまな想いを引き出し、受け取るという方向があります。そして、受けとったメッセージを利用者に返していくのです。職員からの反応を利用者が受け取り、さらに返していくのです。また、職員から利用者に発信されるメッセージを利用者が受け取るという方向があります。そして、利用者が受け取ったメッセージを職員に返していくのです。利用者からの反応を職員が受け取りさらに返していくのです。この双方向のやり取りが行き来すればするほど双方の想いは共有されていくのです。職員と利用者とのコミュニケーションも双方向のコミュニケーションなのです。

「動物を描いて下さい」と言われてあなたは何を描くでしょうか。読者によって千差万別だと思います。「どのような動物でしょうか？」と聞き返すことで、話し手が思い描いている動物が分かります。そして、話し手にもっと具体的に質問を投げかけ、話し手からの情報を引き出すことができると、話し手の思い描いていた具体的なイメージに近い動物を描くことができるでしょう。いろいろな解釈の余地がある表現を聞いて一方的な思い込みで解釈するのではなく、具体的に話し手が何を伝えたいのかを意識しながら聞き、質問を投げかけてみることが大切なのです。双方向のやりとりがあって話し手の意図する内容に近づいていけるのです。

そこで、話し手はどのような意図をもって伝えているのか、具体的に何を伝えたいのかを聞き手が確認しながらやり取りをしていくことが重要なのです。話し手も聞き手に真意が伝わるよう、すなわち聞き手が分かるような伝達方法を工夫しなければなりません。この繰り返しによって話し手と聞き手の認識の違いを少なくし、双方の認識を共通のものとしていくことが大切となります。聞き手として話を聞くときは、話し手の内容は事実なのか憶測なのかを見極めることも重要となります。

皆さんは、利用者に職員として伝えるだけの方向に終わっていませんか。利用者の話をしっかり聴いているでしょうか。利用者からのメッセージをしっかり受け取るよう努めているでしょうか。そして、双方向のコミュニケーションを心掛けているでしょうか。ぜひ振り返って下さい。

具体的な表現方法

対人コミュニケーションでは、具体的な表現方法を用いましょう。抽象的な表現では、そこにはさまざまな解釈が入りますので、話し手の意図する内容を聞き手が正しく理解するとは限りません。「以心伝心」という諺があります。また、「1を聞いて10を知る」という諺があります。いずれも、話し手が十分語らずとも、聞き手が話し手の意図を読み取ることが大切だという意味です。

しかしこれでは伝わらないことが多いでしょう。抽象的な表現だったり十分話し手の意図が表現されていなかったりすると、そこにはさまざまな解釈の余地が入ってきます。聞き手の解釈が話し手の意図する内容と同じであれば問題ないのですが、ことはそう簡単ではありません。聞き手のこれまでの経験や環境によってさまざまな解釈が入ってきます。

皆さん、「夕方」と聞いて何時を思い浮かべますか。午後4時、午後5時、午後6時、人によって違います。午後4時と午後6時とでは2時間の差があります。そこで、話し手が具体的に「午後5時」と言えば、聞き手の解釈は入らないでしょう。このような時間の解釈であれば具体的に時間を伝えればそれほど誤解は生じません。

しかし、込み入った話や話し手や聞き手の感情が取り交わされているコミュニケーションでは複雑にいろいろなものが絡み合ってきます。話し手の意図とは別に聞き手の解釈が入ってきます。一方的な解釈は大きな誤解を生じます。

利用者のなかにはときどき「今の内容で、私の言っていること分かるでしょう」と発言する人がいます。そうすると、経験の浅い職員はさらに具体的に聞き直してはいけないと思うかもしれません。しかし、そのようなことはありません。むしろ、聞き間違いをすることが大きな問題が生じてしまうことがあります。分かるまで、聞き直しましょう。しっかり確認しましょう。

また、利用者から「○○で困っていて、△△して欲しい」といった要望がありました。そのとき、職員が「分かりました」と返事したとしましょう。職員は何を指して「分かりました」と返答したのでしょうか。

1.「○○で困っている」ことでしょうか。

2.「△△して欲しい」という要望があることでしょうか。

3.「△△して欲しい」という要望に応えますよ、ということでしょうか。

また、次のようなことを経験したことはないでしょうか。「確かに○○さんは、

△△といっておられましたが、私はそれを□□だと解釈しました。××だとは解釈していません」。これは双方、自分に都合のよいように表現されたことばを解釈しているからです。利用者側に立つと、職員に依頼したことに対して「分かりました」と返事されると、当然、そのことを実施してもらえると解釈するでしょう。具体的に表現されたことばはどのような意味なのかも確認した方が良いですね。

いずれにしても、抽象的な表現には「具体的にどういうことでしょうか」とか「例えばどのようなことでしょうか」と質問を投げかけたり、「あなたのおっしゃりたいことは○○ということでしょうか」と確認したりして、話し手の意図を確認しましょう。このように具体的な表現を用いること、さらに聞き手が話し手の意図する内容を確認しながら双方の理解を深める双方向のコミュニケーションを行いましょう。

事実と憶測の区別

話し手は、事実と話し手の憶測や想いを区別して伝えましょう。話し手の憶測や想いを事実であるがごとく伝えてしまうと、事実が大きく捻じ曲げられてしまいます。逆に、聞き手も話し手の話の内容からその内容が事実を伝えているのか話し手の憶測や想いなのかを冷静に見極めながら、ときには話し手に確認しながら聴きましょう。

相手の話を最後まで聴く

聞き手は、話し手の話を最後まで聴きましょう。話し手がまだ話し終わっていないのに聞き手が話し手の意図を解釈したとしましょう。しかし、それは実は話し手の意図する内容ではなかった、ということがあります。相手の話の途中に、分かったそぶりを見せたり、相手の話を遮って「○○ですよね」という人がいたりします。しかし、話し手は「私の言いたいことはそのようなことではないのに。最後まで聞いてほしいのに話を遮られてしまう」と思っているかもしれません。

話し手の話の途中で聞き手が「○○だろう」と思っていても最後まで聞いていると、実は話し手の伝えたかったことは「□□だった」ということもよくあります。最後まで聴いてしっかり確認しましょう。

相手の話は最後まで聴きましょう

非言語コミュニケーションの大切さ

人類は言語コミュニケーションを用いることによって大いに飛躍しました。抽象的な概念を理解したり、物事を論理的に理解したり、対人関係を深めたりすることに大いに貢献しました。しかし、コミュニケーションは言語だけではありません。

コミュニケーションは、言語コミュニケーションと非言語コミュニケーションが混じり合って行われています。非言語コミュニケーションは、言語コミュニケーションを補完する意味もあれば、言語コミュニケーションとは裏腹の話し手の気持ちや感情を意味している場合もあります。人間のコミュニケーションの８割が非言語コミュニケーションだといわれています。

あるスポーツ競技の練習をしているときに、コーチはことばで説明するだけでなく見本を示すことで、それを見た人がどのようなプレイをすればよいかがイメージできます。見本を示すという動作は言語コミュニケーションを補完しているのです。

一方、朝から一緒に仕事をしている同僚が目を合わせてくれない、表情が暗い、ことば数も少ないとしましょう。何か機嫌が悪いのかなと思って、「何か怒っている？」と尋ねたところ、「怒っていない！」と大きな声で言いきったとすると、これは明らかに怒っていると感じるでしょう。言葉では「怒っていない」と言っていていますが、言い方や表情から明らかに怒っているのです。

聞き手も「怒っていない」という言葉よりも表情や言い方を優先して感じとり、「怒っている」と解釈するのです。それは、人間の気持ちや感情は言語ではある程度コントロールできるのですが、非言語では素直に表現されてしまうといわれています。そう考えると、言葉とは裏腹に気持ちや感情が出てしまうのです。知らず知らずのうちに、気持ちや感情が態度、表情といった非言語コミュニケーションとして発信されているのです。当然、聞き手も言語より非言語を優先してメッセージを受け取っているのです。

ある研究では、人の気持ちや感情の93%は非言語コミュニケーションを通して受け取っているといわれています。言語は7%で、声による表情は38%、顔の表情は55%を占めているというのです。目は口ほどにものを言うという諺がありますが、声の大きさや抑揚、表情や動作などを通して人の気持ちや感情が表現されているのでしょう。そして、聞き手も非言語コミュニケーションを通して話し手の気持ちや感情を受け取っているのです。

私たちは、仕事のみならずあらゆるところで人とかかわっています。気の合う人もいれば苦手意識を感じる人もいます。なんとなくあの人は私を避けているな、と感じることもあるでしょう。そのほとんどを非言語コミュニケーションのやり取りによってそう感じるのです。大人の世界では面と向かってまともに「私はあなたを避けている」と言うことはほとんどないでしょう。

こう考えると、利用者をネガティブに捉えていると自然とその想いがメッセージとして発信されているのです。利用者も「あの職員はことばでは私のことをよくいっているが態度は全く別だ。きっと私のことを良く思っていないだろう」「私のことをダメな人間だと思っているだろう」と感じることでしょう。自分を否定的に捉えている相手に対して肯定的な感情を抱くことはないでしょう。そのような人を信頼することはないでしょうし、心を開いて本心を打ち明けることはないでしょう。

職員の利用者と接する際の態度や表情は極めて重要なのです。皆さんは、利用者にどのような態度や表情で接しているでしょうか。気づかないうちに職員である皆さんの利用者に対する想いが非言語コミュニケーションを通して発信されているのです。そして、その非言語コミュニケーションを利用者は肌で感じ取っているのです。

言葉によるコミュニケーションの苦手な利用者は、「分らない人」ではなく、非言語コミュニケーションを駆使してコミュニケーションを図ろうとしていることでしょう。それだけに、職員の利用者に対してどのような捉え方をしているのか、また具体的な接し方を利用者はより敏感に感じ取っているのです。

第 18 講座

利用者とのコミュニケーション

信頼関係を基本とした雰囲気づくり

第 17 講座では、対人コミュニケーションの基本について説明しました。本講座では、具体的に利用者とどのようなコミュニケーションを取って行けばよいのかについて説明します。カウンセリングやケースワークの面接技法を参考に説明していきます。なお、本講座で説明する内容は、ことばによるコミュニケーションの難しい利用者とのコミュニケーションも同じことがいえます。利用者がことばで話ができなくとも、非言語コミュニケーションを通して想いを発信していることが多いので、本講座のなかで「利用者が話をする」と表現しているところを「利用者が想いを表現する」と置き換えて読み進めて下さい。

利用者とのコミュニケーションでは、職員と利用者との信頼関係が土台となっていることは言うまでもありません。そのうえで、利用者が話ししやすい雰囲気づくりを行うことが基本となります。利用者に対する思いやりをもって、和やかな雰囲気づくりを心がけましょう。職員が上から目線で接したり、高圧的な態度で接したりすることは慎みましょう。利用者に対する敬意の念を込めてかかわっていきましょう。利用者にとって安心できる存在となること、そして一人ひとりの利用者の求める関係作りに心掛けることが円滑なコミュニケーションにつながります。

利用者の年齢や性格、その時々の心身の状態などに応じて、その人に適したコミュニケーション方法を模索しましょう。そのためには、利用者を知ることが大切であり、普段から利用者という人の理解に努めましょう。

利用者への興味関心

皆さんは、興味関心のある話題について人と話しているとき、どのような話し方になっているでしょうか。話が弾むでしょう。自分の持っている情報を相手に伝えたい、あるいは自分の知らない情報を相手が持っているとするとそれを聞きたいと思います。だから話が弾み、どんどん発展していくのです。そして、前傾姿勢で、表情豊かで、身ぶり手ぶりといった動作も活発となります。

利用者が話しかけてきたり、かかわりを求めてきたりしたときは、仕事をしながら聞くのではなく、手を止めて利用者と向き合いましょう。前傾姿勢で温かい雰囲気を醸し出しましょう。このような肯定的な態度は、利用者に対し「あなたに興味関心があります、もっとあなたのことを知りたい、かかわっていきたい」という想いが態度となって表れるのです。腕組みや足組みをして話を聞く人がいますが、それは相手に対して防衛のメッセージを送っていることになります。腕組みや足組みで自分の体を護っているというメッセージだからです。職員の態度は、いわば職員から利用者に発信された非言語コミュニケーションです。

そのことは利用者にも伝わっていることでしょう。自分にしっかり向き合ってくれようとする態度なのか、いい加減な態度なのか、職員の利用者に対する態度は、ことばとは比較にならないほどストレートに伝わっています。職員の向き合おうとする態度が利用者に伝わり、共感につながっていのです。そして、利用者に安心してもらえる、信頼してもらえる第１歩となるのです。

また、ことばはなくとも、じっとそばについていてくれるといった職員の態度はきっと利用者に伝わっていることでしょう。職員が一緒にいてくれるだけで、安心できるということもあります。そこで、施設や事業所では利用者とともに過ごす時間を意識して多くつくりましょう。忙しさを理由に利用者とともに過ごす時間が少なくなっていませんか。空間と時間を利用者とともに過ごすからこそ、利用者の日々の状況も分かります。そして、断片的ではなく継続して利用者の状況が分かることで、利用者の心身の状況の変化も理解できるのです。

受容・共感のコミュニケーション

対人コミュニケーションでは、「心と心の触れ合い、温かさの通ったコミュニケーション」（白石大介）が大切だといわれています。利用者とのコミュニケーションには単に物事のやり取りだけではなく、職員と利用者とが共感しあい、心のこもった、温かさの通い合ったコミュニケーションが必要なのです。

利用者がことばで表現した内容をそのまま鵜呑みにするのではなく、利用者の気持ちはどのようなものなのかを理解するようにしましょう。ことばの背後にあるものはどのようなことでしょうか。私たちは人とコミュニケーションを行っていて、自分の気持ちを分かって欲しいといった願望があるのではないでしょうか。出来事や事実に対して自分がどう思っているのか、どのような感情を抱いているのかを表情やしぐさ、動作などを通して表現しているのです。

その気持ちを分かってもらえたと感じることができると安心するでしょう。あるいは、つらい重荷を半分降ろすことができるでしょう。気持ちを分かち合うことができたその相手に対する信頼も芽生えてくるでしょう。しかし、表面的なやり取りや事実関係だけで物事を進めていこうとすると、「あの職員は私の気持ちを分かってくれているのだろうか？」「私の言いたかったことは、そのようなことではなかったのに・・・」といった不満あるいは不安が込み上げ、コミュニケーションそのものが消化不良となってしまいます。

また、利用者が不適切な行動をしたときに、職員として注意、指摘しなければならないこともあるでしょう。利用者に改めてもらわなければならないこともあります。このようなときも、一方的に利用者の行動を批判し、あるべき姿を伝えたりどう行動すべきかを利用者に考えてもらったりするだけでは、一向に改善しないでしょう。

なぜ、利用者がそのような行動を起こしたのか、その想いを理解しようとすることが重要です。「あなたがそのようなことを行ったのは何か想いがあったのではないでしょうか。それはどのようなことでしょうか？」と利用者に問いかけるようなかかわりを心がけましょう。

利用者の想いを理解し、理解したことを伝えることで利用者の安心につながるのではないでしょうか。「あの職員さん、わたしの想いを理解してくれた」と利用者が思えることで、職員の注意や指摘も受け入れやすくなるでしょう。そうなると、利用者自身、取るべき行動を自ら考えることにつながっていくでしょう。むろん、利用者の想いを理解したうえで、職員として対応すべき事項が生じたら、対応を行うことを怠ってはいけません。このように、利用者の取った行動そのものは受け入れ難いものであっても、その想いを理解することで、利用者との関係が深まるとともに今後の利用者支援の方向性が大きく変わってくるのです。

心と心が触れ合い、温かさの通い合ったコミュニケーションとは、相手の気持ちや感情をまずは理解することから始まるのです。そして、利用者の気持ちや感情を受けとめることによって、ことばに隠された本音が少しずつ見えてくるのです。

姿勢

利用者に丁寧に接するよう心がけましょう。いい加減な態度や面倒くさそうな態度は非言語コミュニケーションとして利用者に伝わってしまい、信頼を得ることができませんし、緊張関係、葛藤関係のなかでのコミュニケーションとなってしまいます。しっかりとした面接の場面では、利用者の顔を見て話しましょう。とくに話を聴いているときは、よそ見をしたり、よそ事をしたりしながら聴くのではなく、利用者の話に集中しましょう。

§コラム§

日中活動など日常生活場面での利用者とのかかわりが多い施設や事業所では、利用者とともに作業、レクリエーションなどの活動をしながら、あるいは食事、入浴、排泄、衣服の着脱などの介助をしながらコミュニケーションを交わしていきます。このようなとき、改まって職員が手を止め利用者の話に集中するとかえって利用者が戸惑うこともあります。一緒に○○しながら、何気ない会話や利用者の表情から利用者のその時々の心身の状況や想いをうかがい知ることができます。この時間と空間はとても大切です。そのような場合でも、利用者や利用者の話の内容に対する興味関心を抱きつつかかわっていくというコミュニケーションの基本は欠かせません。そのうえで、改めて面接を行う必要があれば、その時間と場所を設定しましょう。

しっかりと向き合うこと

また、時間的にも精神的にも余裕をもってコミュニケーションを取るようにしましょう。とくに、込み入った話の場合、利用者が興奮した状態のときやふさぎ込んでいるときなどは、利用者の想いをしっかり受けとめる必要があります。そして、職員と利用者とのやり取りを繰り返し行い、双方の共通理解を深めていかなければなりません。必要に応じて、プライバシーの保たれた部屋で、しっかり時間をとるようにしましょう。立ったままのやり取りではなく座ってじっくり話のできる環境を作りましょう。

どうしても手の離せない用事をしているときに、利用者から声をかけられたらどうするでしょうか。「ちょっと待って！」といってしまうことが多いのではないでしょうか。利用者はいつまで待てばよいのでしょうか。「あと 10 分くらいしたら伺います」といった具合に、具体的な時間を提示することが大切でしょう。そして、必ず、10 分後、手が空いたら、必ず利用者のところに行って、「先ほどはすみませんでした。どうされましたか？」と声をかけることを忘れないようにしましょう。また、込み入った話の場合は、「夕方の手の空いた時間に改めて伺います」とゆとりのある時間帯を示すこともよいでしょう。

しかし、どうしても手の離せないときに、緊急で声をかけられることもあります。このようなときは、自分一人で同時に行うのではなく、他の職員に応援を求めましょう。一人で仕事をしているのではありません。チームで仕事をしているので、チームとして利用者支援に携わっていきましょう。他の職員に応援を求めることは決して恥ずかしいことではありません。

皆さんは、利用者と接しているときの自分の姿を客観的に見たことがあるでしょうか。忙しく業務に追われていると、きつい口調や険しい顔になっていることがあります。顔の表情や声のトーン、ことば遣いに気をつけましょう。かかわっているその利用者にふさわしい対応を心がけましょう。険しい表情であったり、早口になったり、せかしたり、きつい口調になったりしていませんか。温かい表情、笑顔で接しましょう。ゆっくりと落ち着いた雰囲気で会話しましょう。利用者が想いを表現できるようじっくりと待つという姿勢も大切です。

聴き上手

利用者とのコミュニケーションでは、職員が話し手となったり、聞き手となったりします。職員として利用者に伝えなければならないことも多くあるでしょう。つまり、話し手になるということです。一方、利用者からのさまざまな想いを聴くということがとても大切です。職員がしゃべりすぎないようにしましょう。「話し上手は聞き上手」ということばがあります。

対人援助では、「きく」というとき、「聴く」という漢字を用います。これは、「人の話をきくときには耳を傾けてしっかり心からきく」という意味だそうです。つまり、聞き手が能動的に聴こうとすることなのです。話し手の話の内容、意図すること、気持ちや感情などを総合的に理解しようとすることです。

日常のかかわりを大切に

利用者の話の内容に沿って適切に受け答えするよう努めましょう。けっして、軽くあしらったり、利用者を茶化したりしないよう配慮を行いましょう。職員の何気ないことばや態度で利用者を傷つけることがあります。

施設や事業所では利用者とのなにげない雑談も大切にしましょう。挨拶ひとつとっても利用者の声の大きさや表情などからその時々の心身の状況をうかがい知ることができます。また、第11講座で説明したように、利用者の日常の生活場面の様子からもその時々の心身の状況をうかがい知ることができます。

利用者とコミュニケーションをとるときの基本姿勢以外にも、話しの節目でうなずきやあいづちを入れて話を促していくことも大切です。大きくゆっくり、落ち着いた雰囲気でのうなずきやあいづちは利用者の話を促すメッセージとなるでしょう。

利用者に分かりやすい表現を用いましょう。コミュニケーションは相手に伝わってこそ意味があるのです。利用者に伝わるコミュニケーションとはどのようなものでしょうか。当然、一人ひとり異なるはずです。ことばで説明するのか、文章で表現するのか、絵や写真のような視覚情報で伝えるのか、そして具体的にどのような伝え方をするのかを考えましょう。ことばの場合でも、どのような表現方法を用いると理解できるでしょうか。抽象的な表現や専門用語を用いると、利用者は理解し辛いかもしれません。具体的な表現でもどのような表現を用いると利用者に伝わるのか、試行錯誤しながら着地点を見出しましょう。

利用者の本音の模索

職員は、利用者が何を伝えたいのかをしっかりと見極めることが重要です。表面に現れたことばだけに惑わされるのではなく、そのことばの背景にあるものを推測しながら、利用者の本心を探りましょう。自分の想いとは異なることをことばで表現する利用者もいます。本心は別のところにあるのに、表面的に取り繕ったことばでその場をやり過ごそうとしているのかもしれません。本当は何を訴えたいのでしょうか。

本心を言えば、職員から注意されたり拒否されたりすると思っているのでしょうか。どうせ分かってもらえないから適当にごまかせばよいと思っているのでしょうか。職員には知られたくないと思っているのでしょうか。

なかには、利用者が重大な問題を抱えているにもかかわらず、その問題を表現しない場合もあります。他人に知られたくないがゆえに表現できない、といった方が正しいかもしれません。利用者は問題から抜け出せないのです。込み入った話や人に知られたくない内容の場合、本心を簡単には打ち明けません。直接関係ないことや本心の周辺にある事柄を話しするでしょう。このわずかなメッセージをしっかりとキャッチすることが大切なのです。

利用者の異変に気づいたときは、単に待つだけではなく、職員として即刻介入することが必要といえます。問題をいち早く察知して利用者に投げ返すことで利用者自身内心ほっとすることもあります。問題が発覚したことで、自分ではどうにもならない問題に職員がかかわることになるからです。言い換えると、職員に支援してもらえるからです。職員の介入によって、問題が一気に解決・改善に向かうこともあります。

非言語コミュニケーションの理解

言葉や文字でうまく自分の想いを表現するのが苦手な利用者も多くいます。利用者の非言語コミュニケーションによって多くのメッセージが発信されています。利用者の話を聴くというのは、言語だけではありません。非言語コミュニケーションからもしっかりと利用者の話を聴きとるようにしましょう。これによって、利用者の気持ちや感情の理解につながっていくのです。いわば利用者の声なき声を拾い取ることが大切なのです。皆さんは、どれほど利用者の非言語のメッセージを読み取ろうとしているでしょうか。

ことばとは裏腹の感情や想いは、非言語コミュニケーションによって表現されているのです。利用者の非言語のメッセージは実に多様です。興奮していると声が大きくなったり早口になったりします。顔の表情はその人の気持ちをよく表しています。こわばっている表情なのか柔らかい表情なのかによって、緊張している、怒っている、落ち着いている、楽しい、といったメッセージとなります。職員が何か働きかけたとき利用者が手で払い除けるといったことはないでしょうか。また、気持よさそうにじっとしているといったこともあるでしょう。あるプログラムに従事するよう促しても取りかかろうとしなかったりすぐ止めてしまったりすると、興味がないのでしょう。逆に、長時間取り組んでいるとなれば興味を抱いているのかもしれません。利用者が職員のそばにやって来る、あるいはやって来ないといった動作も非言語コミュニケーションです。こういった利用者の表情、動作、しぐさは実に多くのメッセージが込められているのです。

非言語メッセージを正確に読み取ることは難しいものです。しかし、あきらめず、職員として解釈しながら、利用者の想いを推察していきましょう。一人の職員で判断すると偏った解釈となってしまうので、複数の職員がそれぞれの観点から読み取り、すり合わせ、より客観的に解釈しましょう。

利用者の意図する非言語メッセージの内容を解釈し、可能な限りそれに応えていきましょう。そして、利用者からの反応をさらに読み取るよう努めましょう。この利用者のメッセージを読み取り可能な限りそれに応えていくことの繰り返しが大切なのです。この繰り返しによって、利用者の非言語のメッセージの意味により近づいていくのです。

利用者の非言語コミュニケーションを正確に読み取ることは至難の業といえるでしょう。しかし、根気よく利用者の想いを理解しようと努めましょう。試行錯誤を繰り返し、少しでも利用者の想いに近づきましょう。職員の真摯で誠実なかかわりの態度はきっと利用者に伝わっていくことでしょう。そのことによって利用者はより明確なメッセージを職員に発信していくことにつながっていくでしょう。

攻撃的な利用者に対する傾聴

職員に対して攻撃的な発言をする利用者がいます。私も福祉現場で働いているとき、そのような利用者の対応で悩んだ時期もありました。利用者から「職員はいい加減だ！」「何をやっているんだ！」ときつい口調で非難されるのです。施設側の事情を説明しても一向に理解を得ることができません。理解してもらおうと説明すればするほど、利用者の怒りはエスカレートするばかりです。私もときには、利用者に理解してもらえないもどかしさからきつい口調で言い返してしまうこともありました。双方交わることなく話が途切れてしまうのです。

当時の私は、利用者からのきつい口調での非難に対して、職員側の言い分を伝え分かってもらうことに力を注いでいたのです。言い換えれば、利用者の想いを受けとめるということをしていなかったのです。利用者からすると、「職員は言い訳ばかりして、私の想いを分かってくれない」といった想いを抱いていたのでしょう。だから、職員に分かってもらいたいと思い、自らの想いを主張したのでしょう。それが職員を批判するようなきつい口調になってしまったのでしょう。

あるとき、あまりにもその利用者が強く訴えてくるので、圧倒されて聴いていました。そのとき、利用者の話を冷静に聴くことができたのです。決して職員側の都合や立場を説明せず、ひたすら聴いたのです。その利用者は、単なる職員を非難しているのではなく、本当に訴えたいことは別のところにあるのではないかと気づいたのです。そうすると、利用者の気持ちにも共感的態度で接することができたのです。

「傾聴」ということからすると、職員自身、利用者とのやり取りの真只中にいます。しかしそのとき、攻撃的な態度で職員批判をしてきた利用者とのやり取りに際し自分を矢面に立たせて聴くのではなく、矢面に立って聴いている自分を第三者的に眺めている自分を置いて、客観的かつ冷静に聴いている自分を発見したのです（図表18－1）。

この体験から私は、まずは、冷静に利用者の想いを聴き、受けとめようということをより一層意識するよう努めました。職員の都合や立場を説明し分かってもらうことはその次の段階であることに気づいたのです。それ以降私は、「傾聴」ということばを大きく書いた紙を机の上に置いて目につくようにして、この言葉を肝に銘じながら攻撃的な利用者とかかわっていきました。

図表 18 − 1　攻撃的な利用者に対する傾聴

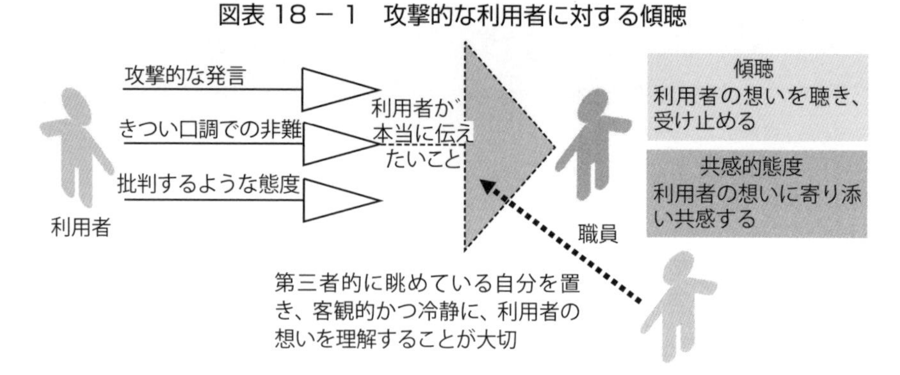

筆者作成

第19講座

支援の展開過程

PDCA サイクルに沿った支援

利用者支援は、やみくもに行っているのではありません。利用者の自立生活支援に向け、一定の流れに沿って進められます。アセスメントから始まり、支援目標・計画を作成し、実際に支援を実施していきます。支援を実施したらそれで終わりではなく、支援内容を振り返り、新たな支援に活かしていかなければなりません。支援を振り返る過程をモニタリングといいます。モニタリングを経て、新たなアセスメント、新たな支援目標・計画につなげていくのです。そして、一定の目的を終えると、これまでの支援全体を評価し、終結へと向かうのです（図表 19 − 1）。ただ、実際には目的を達成できずに終結に至る場合もありますので、図表では終結後の利用者の自立生活に向けての矢印を点線としています。

図表19－1　利用者支援の展開過程

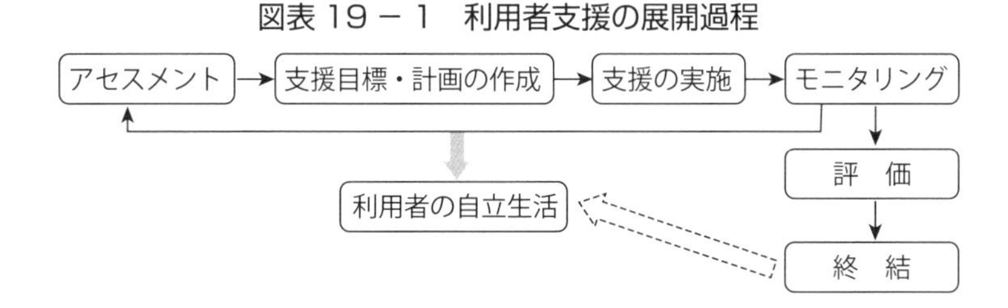

このように、利用者支援はPDCAサイクルに沿って、より良い支援を実施していくのです。このような流れを幾度となく繰り返しているのです。

アセスメント

アセスメントは、支援の方向性を定めていく重要な段階です。言い換えると、不適切なアセスメントをしていると、支援そのものが不適切な内容となってしまう恐れがあります。

アセスメントは、前もっていろいろなことを調べておくという意味で、「利用者が生活上どのような問題を抱え、どのようなニーズがあるのか、どのような支援が必要で、どのような支援が可能かを利用者の生活状況を包括的に捉えて理解する過程」だといえます。

アセスメントの内容は、以下の通りです。

①利用者と利用者を取り巻く環境との関係はどのようなものかを理解する

②環境との関係性のなかで、利用者の生活状況はどうなっており、生活上の困りごとや問題はどのようなものかを確認する

③利用者の意向や楽しみにしていることを理解するとともに、ニーズの把握に努める

④利用者の疾病や障害、ストレングス、人となりなど利用者理解に努める

⑤どのような支援が必要で、どのような支援が可能かを検討する

⑥利用者支援に必要なサービスの掘り起こしを検討する

アセスメントは、「利用者である私は、○○で困っている」「○○がしたい」「○○のようになりたい」といった利用者側からの理解を土台としつつ、専門職としての総合的な判断が求められます。

支援目標の作成

アセスメントに基づいて、支援の到達目標と具体的な支援計画を作成します。支援目標とは、長期的な視点に立って、利用者の生活上の問題が解決された状態、つまりニーズが充足された状態のことをいいます。その長期目標を達成するために、中期、短期の目標が設定されるのが一般的です。言い換えると、短期目標を達成し、中期目標を達成し、長期目標の達成につなげていくのです（図表 19 － 2)。

図表 19 － 2　短期目標達成から長期目標達成へ

日々の支援 → 短期目標 → 中期目標 → 長期目標

ある利用者の長期目標を「施設のなかで安心のある落ち着いた生活を送る」と定めたとしましょう。これは抽象的な表現であり、人によってイメージする内容が異なってきます。そこで、より具体的な表現に置き換えてみましょう。利用者にとって、「安心のある落ち着いた生活」とは具体的にどのような生活を指すのでしょうか。その具体的な生活内容を目標として記すことで、より現実的な目標となることでしょう。

また、利用者の「社会性を身につける」といった目標を掲げたとしましょう。利用者にとっての社会性とはどのような内容なのでしょうか。時間厳守、状況に応じた服装や容姿、人に接する際の態度やことば遣い、健康管理などが挙げられます。このとき、たとえば最初に取り組むべき短期目標には時間を守るといった具体的な行為行動を示す表現としましょう。次に、人に接する際の態度やことば遣い、としたとしましょう。これらを積み重ねていき、上述の社会性の項目を網羅できたときに社会性が身についたといえるのです。

短期目標の期間は、3ヶ月あるいは6ヶ月くらいを想定しましょう。中期目標は、6ヶ月から1年の期間を想定しましょう。長期目標は、1年から数年先を想定しましょう。各期間の設定は、訓練系、生活介護系など種別によって異なってきます。

支援目標を作成する際、利用者のできていないことをできるようになるといった内容ばかりを列挙すると、上手くいきません。そこで、利用者のできていることをさらに伸ばしていくような内容や利用者が楽しみにしていることを実現できる内容も盛り込みましょう。これによって、利用者自身が生活に前向きになり、支援そのものが辛いもの、苦しいものではなく、肯定的な取り組みとなります。

長期目標の設定が難しいときは短期目標の積み重ねを

しかし、生活施設などでは、利用者の日々の生活をしっかりと支援することが急務となっており、すぐに長期目標を設定することが難しい場合もあります。このような場合は、日々の生活支援態勢を整えるための短期目標から設定し、当面の支援の方向性を模索し、日々の生活支援を積み重ねるなかで、中期、長期目標を模索していきましょう（図表19－3）。

図表19－3　日々の生活支援の積み重ねを通しての長期目標の模索

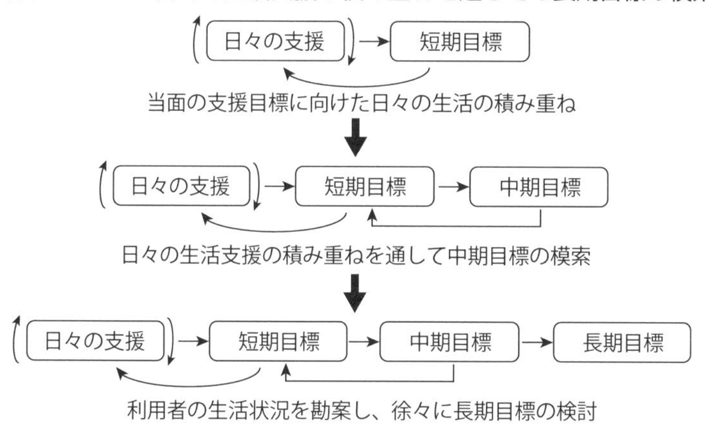

日々の生活支援を通して、「利用者の○○さんは、□□に取り組んでいるときは集中しているようだ」「◇◇の状況のときはとても良い表情で落ち着いておられる」「△△はすぐにやめてしまう」「☆☆の状況のときはとても不安定で落ち着きがない」といったことが見えてきます。このような情報（データ）をしっかり記録として残しておきましょう。このデータの積み重ねから、利用者にふさわしい生活とはどのようなものかを模索していきましょう。このことを繰り返して、利用者の長期的な観点での支援目標を検討していくのです。時間のかかることで大変な作業ですが、これらのことを意識することで、日々の生活支援も単なるルーティンで終わらせるのではなく、自立生活支援につながる重要な意味を持っていることをご理解頂けるでしょう。

支援計画の作成

支援計画は、目標を達成するために、施設・事業所としてどのような支援を行うかを取り決めることです。いつ（までに）、どこで、だれが、なにを、どのような方法を用いて実施するのかを決めます。支援計画は、支援の役割分担と責任を明確にし、具体的な内容にまで踏み込んで決めていきます。

支援の内容は、利用者に直接働き掛ける内容、利用者を取り巻く環境に働き掛ける内容、利用者と利用者を取り巻く環境とを調整する内容があります（第５講座）。

また、施設・事業所内で利用者支援のすべてを完結するのではなく、施設・事業所外の機関・団体、多くの人たちとの連携を視野に入れましょう。介護支援専門員、相談支援専門員、行政機関、医療機関など関係する専門機関、家族、近隣住民、ボランティア団体など多くの機関･団体、人々が利用者とかかわっています。

公的な社会資源のみならず、インフォーマルな社会資源も多くあります。皆さんの施設・事業所は利用者支援に携わっている社会資源の一つなのです。皆さんだけで利用者支援を行っているのではありませんので、他の社会資源と連携しながら支援を展開しているのだということを認識しましょう。

支援の実施

支援目標の到達に向け、支援計画にもとづいて支援を実施していきます。支援の内容も多様です。その時々の状況に応じて適切な支援が求められます。

皆さんは、しっかり利用者と向き合い、かかわるという姿勢を基本としてください。利用者とかかわることをなおざりにして支援は成り立ちません。利用者は一人ひとり異なった存在です。書面上の情報だけで決めつけてしまわず、実際に利用者とかかわってこそ、利用者の生活状況や利用者という人を理解できるのです。利用者理解が深まってこそ、一人ひとりの利用者に適した支援が可能となるのです。

利用者自身できることは自らやってもらうよう促しましょう。私たちは利用者に必要な支援を行っているのです。いろいろなことをしてあげることが良い支援ではないことは第２講座で説明した通りです。

利用者としっかりと向き合いつつも、深くかかわっていく必要のある内容、あまり深入りせずさらりと流した方が良い内容など、さまざまなかかわりの密度があります。利用者としっかり向き合いかかわるとは、深くかかわっていくことだけを指すのではありません。深くかかわりすぎることでかえって利用者支援につながらないこともあります。利用者の個人的な感情に巻き込まれ、振り回されてしまうと、職員が冷静さを見失ってしまいます。利用者の話には共感しつつも、冷静さを見失わないようにしましょう。

利用者の石井さんは、周囲の人たちからひどい目に遭い、これまでとても辛い思いをしてきたと涙ながらに訴えます。何度も何度も繰り返し、その都度新たにひどい目に遭っているという話も加わってきます。最初、職員の浜本さんはその内容を詳しく聴いていました。浜本さんが聴けば聴くほど、ひどい仕打ちに遭っているという話はエスカレートしていくのです。その内容の真偽は不明で、つじつまの合わないことも多くあります。いろいろと確認をしていくうちに石井さんの作り話だということが判明しました。そこで、職員の浜本さんはひどい目に遭っているという話のときは最低限のかかわりをして、別の楽しい話の内容のときには興味関心を抱いているというかかわりを意識的に行うようにしました。

このように、利用者と向き合うことを基本としつつも、利用者の関心を引きたいという作り話に惑わされるのではなく、利用者の話に耳を傾けつつ、周囲に事実関係を確認して、利用者の話の内容を冷静に吟味しましょう。不適切な会話に深入りしすぎないようにすることによって、職員と利用者との関係の持ち方を見直し、あるべき支援につなげていきましょう。

また、計画に記載されていなくとも、日常の生活支援に必要な内容や突発的なできごとに対する緊急対応等も必要であることは言うまでもありません。支援を実施している途中でも、利用者や利用者を取り巻く状況に変化が生じたり、作成した支援目標や計画に疑義が生じたりすることもあります。そのようなときは、柔軟に見直しましょう。一旦立てた目標や計画を変更してはならないということではありません。目標や計画のための支援ではないのです。適切な支援を実施するための目標や計画であることを忘れないようにしましょう。

モニタリング

支援の一定期間経過後（おおよそ、3ヶ月から6ヶ月に一度の割合）、この間の支援の内容を振り返りましょう。どのような支援が展開されたのか、計画どおり円滑に支援が展開したのか、展開された支援は適切だったのか、目標や計画がどの程度達成できたのか（達成、一部達成、未達成など）、達成できた、できなかった、いずれにしてもその要因はどのようなものか、作成された目標や計画は適切だったのかなどを分析します。

モニタリングで何より重要なのは、この間の支援によって利用者の生活上の問題の解決・改善やニーズの充足につながったのか、現時点での利用者の生活状況はどのようなものなのか、利用者はサービス内容に満足しているのかについてしっかりと確認することです。

再アセスメントへのフィードバック

モニタリングの内容をもとに新たな支援目標・計画作成の過程へと返っていきます。そこで、モニタリング時点でのアセスメントをもう一度行いましょう。

☞ 利用者の心身の状況に変化が生じていないか

☞ 利用者を取り巻く環境に変化が生じていないか

☞ 利用者の意向はどのようなものか

☞ 新たなニーズが発生していないか

以上の内容をもとに、新たな支援目標・計画を作成し、支援につなげていくのです。

評価・終結

支援の目的が達成された、支援の契約期限が迫ってきた、これ以上施設・事業所での支援が困難となってきたなどの理由で施設・事業所での支援は終結を向かえます。終結にあたって、これまでの施設・事業所での支援を振り返ります。取り組んできた支援をある程度客観的に、かつ、全体を俯瞰することで支援の成果あるいは反省点を見い出します。これが支援の総合的評価です。利用者に対する支援の評価とともに、今後の施設・事業所の支援に活かす意味もあります。

終結に当たっては、今後の利用者の生活の道筋を見出し、次の段階の橋渡しをして施設・事業所の支援は終結します。障害者施設・事業所で利用期限が限られている事業であれば、期限内での目的達成を目指します。目的達成できず、期限が迫ってくると、期限切れで終了ではなく、相談支援相談員や介護支援専門員などの専門職と連携して、今後の新たな支援や利用者の生活の道筋を見出しましょう。これによって支援が終結するのです。

一人ひとりを大切にした支援

第 20 講座　利用者に対する呼称や接し方

第 21 講座　虐待の問題と要因

第 22 講座　虐待防止の第 1 歩

第 23 講座　虐待のない支援

第20講座

利用者に対する呼称や接し方

利用者に対する呼称や接し方

知的障害の成人の利用者に対して、職員が「○○ちゃん」と呼んだり、ニックネームで呼んだりすることがあるようです。また、子どもとかかわるような接し方馴れ馴れしい接し方も見受けられるようです。実際、私が担当している障害者施設・事業所職員の研修で、このようなことが一部の利用者に対して行われているのかどうかを質問すると、3人に1人くらいの受講生が手を挙げます。高齢者施設においても、認知症の利用者に対して同様のことが行われているようです。

なぜ、知的障害の利用者や認知症の利用者にこのような呼称や接し方をするのでしょうか。このような呼称や接し方のほうが、利用者自身自分への声掛けだと理解できるから、親しみが湧くから、利用者本人や家族から「○○ちゃん」と呼んで欲しいと言われたからなどさまざまな理由があるようです。しかし、そのような理解の仕方にはいくつかの疑問が湧いてきます。

利用者の自立生活支援に取り組む職員

私は、職員の利用者に対する呼称は職員が利用者をどう見ているかの表れだと思っています。職員の利用者に対する呼称や接し方は、職員と利用者との関係性の反映なのです。

そこで、呼称問題や接し方について考えるにあたって、私たちの目指していることをもう一度確認しておきましょう。第6講座で説明したように、私たちは一人ひとりの利用者の自立生活を支援しているのです。皆さんがかかわっておられる利用者の自立生活の姿はどのようなものなのでしょうか。ケアプラン（施設サービス計画）や個別支援計画を再度確認してみましょう。

皆さんの利用者に対する呼称や接し方は、利用者の自立生活支援を意識したものでしょうか。自立支援につながっているでしょうか。ケアプラン（施設サービス計画）や個別支援計画で利用者の自立生活支援を謳う一方で、計画内容とかけ離れた呼称や接し方をしていないでしょうか。言い換えると、ちゃんづけやニックネームで呼ぶ、子どものような接し方、上から目線での接し方、馴れ馴れしい接し方をしていて自立生活支援につながっているかどうかをもう一度考えてみましょう。

専門的な援助関係にもとづいた利用者と職員の関係であることを考えると、どのようなかかわりをするのが適切なのでしょうか。ぜひ、利用者の自立生活支援を担う専門職として、どうかかわっていくのが本来の姿かを見つめ直してください。

利用者や家族の想い

次に、利用者や家族の立場になって考えてみましょう。利用者や家族はどのような想いでいるでしょうか。全ての利用者や家族がちゃんづけやニックネームで呼んでほしいと思っているわけではありません。若い職員にちゃんづけやニックネームで呼ばれている、子ども扱いされたり上から目線や命令口調でしゃべられたりしているといった光景を目にした家族は、辛い思いをしているのではないでしょうか。利用者自身も辛いのではないでしょうか。「やめて欲しい」と言いたいけれど、「世話になっているから…」といった想いでいるかもしれません。あるいはやめて欲しいことをうまく表現できないのかもしれません。職員側の利用者に対する想いだけでなく、利用者や家族がどう想っているのかも考えてみてはいかがでしょうか。

「その呼び方おかしいよー！」とは言えない…

人生の節目を経験し成長

次に、利用者や家族がちゃんづけやニックネームで呼んでほしいという要望がある、ということについても考えてみます。私たちはこれまでさまざまなライフサイクルを経て今日に至っています。小学校に入学し、中学校、高校、専門学校や大学、そして社会人になっています。20歳なると法律上できることが増える一方、責任も伴います。社会人になると学生とは違った振る舞いが求められます。人生の節目で世間の自分への対応が変わり、そして、自分自身で自覚し、成長につながっています。

知的障害の利用者も私たちと同じように人生の節目を通して大人として成長していく過程を経るべきではないでしょうか。学校を卒業し、施設・事業所利用と同時に社会に出たことになります。子どもから大人の世界に移ったのです。大人としての対応を職員がきっちり行うことで、利用者も大人として成長していくのではないでしょうか。

自立生活支援が目的で、利用者の意向はそのための方法

利用者や家族からちゃんづけで呼んでほしいと要望があっても、自立生活支援を担う専門職としてどう対応するか、おのずと答えが見えてくるのではないでしょうか。要望があったからと言って、そのようにすることが本当の支援につながるとは限りません。むしろ、利用者や家族に対して、「これからの生活のことを考えて、一人の大人として接してきますよ」と伝えるべきではないでしょうか。

私たち社会福祉の仕事は、自立生活支援が目的であり、そのために、利用者ご本人の意向を最大限尊重していくのです。意向の尊重とは、利用者の自立支援につなげるための方法として大切だと考えられているのです。自立生活支援につながらない方法は不適切です。利用者の意向を楯にとって職員側の論理で利用者との関係の持ち方を決めているとするならそれは、本末転倒ともいえます。

問題意識を持って対応している職員

ある施設職員は、「主語が変われば述語が変わる」とおっしゃっておられます（図表20－1）。

「○○！」と呼び捨てにすれば、「△△しなさい！」と命令口調となります。

「○○ちゃん」と子どもに対する呼び方をすれば、「△△しましょうね」と子どもをあやす表現になります。

「○○さん」と名字で呼べば、「△△してください」「△△していただけますか」と大人に対する表現になります。

このように、呼び方によって、職員と利用者との関係性が見え隠れします。

図表20－1　主語が変われば述語が変わる

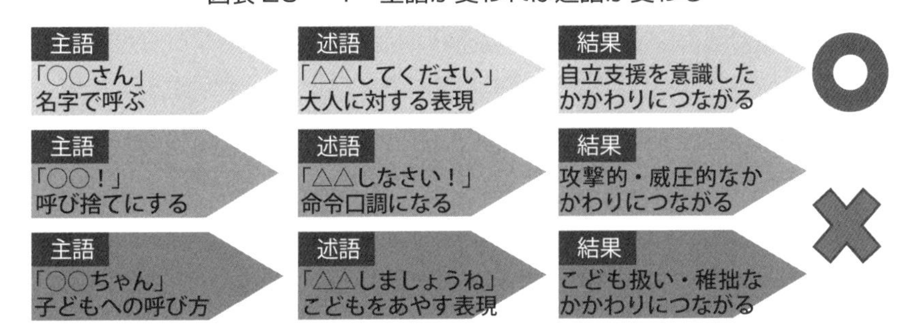

筆者作成

慣れによる呼称や接し方

私は、大学卒業後14年間福祉の現場で働いていました。その後大学の教員になりました。大学の教員になりたての頃、福祉現場の職員の方から、「先生」と呼ばれることに違和感を覚えていました。しかし、いつの間にか慣れてしまったのです。ときどき自分でもハッとさせられるのですが、福祉現場の職員の方から「津田さん」と呼ばれると今度は逆に違和感を覚えているのです。慣れとは恐ろしいものだと思っています。

しかし、言い換えると、利用者のちゃんづけやニックネーム、子どものような接し方からさんづけに変え、大人としての接し方に変えた場合、最初、職員、利用者双方違和感を覚えるかもしれませんが、やがて、それが当たり前になるのではないでしょうか。

利用者の自立生活支援を意図したかかわり

市川和彦は、心理的な側面から、利用者をちゃんづけするのは、永遠の子どもであってほしいという職員の願望があるのではないか、ということを述べています。「そんなつもりはない！」と思われたかもしれません。皆さんは意識していないかもしれませんが、成人の利用者に対する接し方を子ども扱いするような接し方はひょっとすると利用者を子どもとしてしか見ていないのかもしれません。

「呼び方を変えたくらいで、本質が変わらなければ意味がない」と、ある職員が言っていました。しかし私は、「本質をあるべき姿にするために、まず呼称問題や接し方から考えていきましょう」と言いたいのです。なにも難しいことを皆さんに求めているのではありません。職員も利用者も同じ人間です。一人の人としてのかかわりを行っていく、ただそれだけのことです。

一方で、認知症利用者のなかには自分が幼少期に戻っているという方もおられます。そのような場合、その利用者の状況に応じたかかわりもあるでしょう。しかし、人生の大先輩であり高齢の利用者に対してどのような接し方をすべきか、ぜひ考えましょう。要は、利用者の自立支援を意識し、自分がなぜこの利用者にこのようなかかわりをしているのか、しっかり説明できることが大切なのです。

職員の態度や接し方が及ぼす影響

ある施設職員が次のようなことをおっしゃっておられました。

「ある研修で利用者の呼称問題について学びました。やはり、ちゃんづけやニックネームではなく、しっかりさんづけをしなければいけないと思い、そのことを意識しながら利用者とかかわることを心掛けました。しばらく経つと、利用者同士の名前の呼び方がこれまでのちゃんづけからさんづけに変わってきたのです。職員の言動を利用者はよく見ています。私たちの普段の言動が利用者に影響を及ぼしているのだと強く感じました」。

利用者にこうあるべきだ、〇〇しましょう、と口頭で説明して促すだけでなく、そのような言動を職員が心掛けて実践していると、自然と利用者にも伝わっていくのです。まさに職員は利用者の役割モデルなのです。皆さんの職場の職員の言動はどのようなものでしょうか。呼称問題や接し方は職員と利用者との関係性だけではなく、利用者同士の関係にも影響を及ぼしているのです。

呼称の改善に向けての取り組み事例

私は、ある障害者施設・事業所職員の研修会で、呼称問題を取り上げました。そこで、一部の利用者に対してちゃんづけ、ニックネームで呼んでいる施設・事業所になぜそうしているのかを聞きました。そうすると、先ほど述べたようにさまざまな意見が出されました。そのなかで、「最初はおかしいと思っていたのですが、徐々にそれが普通だと思うようになりました」といった内容の発言を複数の職員の方がされました。

一方で、利用者に対してちゃんづけ、ニックネームでは呼ばないという施設事・業所の参加者に、なぜちゃんづけで呼んでいないのかと質問しました。すると、「以前は一部の利用者に対してちゃんづけ、ニックネームで呼んでいたが、良くないという判断のもと、廃止しました」という意見が出されました。

では、どのようにちゃんづけやニックネームで呼ばなくなったのでしょうか。最初は、施設長なり問題意識を感じている職員がちゃんづけやニックネームで呼ぶことの問題を指摘し、さんづけで呼ぶことを提案したそうです。一部の職員から抵抗があったようですが、管理職が明確に方針を示し、徹底してそのことを訴え続けたそうです。そのことに賛同する現場の職員の協力のもと、徐々に「○○さん」に統一されたとのことです。

外部の研修に参加した職員が、ちゃんづけやニックネーム以外でもしっかり利用者とコミュニケーションがとれるということを学んできたそうです。そして、利用者の呼称は「さんづけ」にすべきだと思うと職場でも伝達し、徐々に「さんづけ」が浸透していったそうです。今では「○○さん」が当たり前となっているとのことです。ときおり、ちゃんづけやニックネームで呼んでしまうこともあるそうですが、そのようなときは職員同士注意し合うそうです。職場としての方針が明確に出ており、職員同士でも話し合いがなされていること、お互い注意し合うことができ、注意されても素直に聞き入れることができるそうです。

また、現場職員が声をあげて、現場の職員みんなで呼称問題について考え、改善した事例も紹介されました。問題意識を持っている職員の声を大切にすること、管理職として明確な方針を示し、訴え続けることが何よりも重要となります。

実際、研修会で呼称問題について本講座で説明した内容を伝え再考してもらうよう促したところ、ちゃんづけやニックネームのもつ問題性を理解して、改善に取り組んだ施設・事業所がありました。職場で問題提起をして施設長の承諾を得て職員間で話し合いの場を持ち、利用者の前で「さんづけに統一します」と宣言したそうです。宣言することで、みんなで取り組もうという姿勢を明確にしたといえるでしょう。

別の事業所では、研修の参加者が徹底してさんづけを意識して利用者とかかわると、利用者のことば遣いや態度に変化が見られ、賛同する職員が少しずつでてきたそうです。改善に取り組んだ研修参加者も時々ちゃんづけになってしまうこともあるそうですが、意識することが大切だとおっしゃっていました。ちゃんづけに戻りそうになっても、あるべき呼称を再認識し、徐々に改善に向かっているそうです。

このように、しっかりとした意識を持てば、改善できるのです。皆さんの職場でもぜひチャレンジしてください。

第21講座

虐待の問題と要因

利用者虐待の実態

職員による利用者への虐待行為の禁止は、児童、高齢、障害福祉関連の法律で定められています。虐待とは、強い立場にある者が弱い立場にある者に対して、むごい扱い、ひどい扱いをすることです。具体的には次のような内容を指します。

①身体的虐待：叩く、つねる、蹴る、突き飛ばす、部屋に閉じ込める・体の自由を制限するなどの身体を拘束する

②心理的虐待：相手を傷つけたり脅したりするような言動をする、無視する、暴言や罵声を浴びせる

③性的虐待：わいせつな行為をする、わいせつなことを言う、わいせつな行為をさせる

④放棄・放置：適切な支援・ケアを行わないで放置する

⑤経済的虐待：利用者の預貯金などの財産を勝手に使いこむ

これらの虐待行為は、決して許されるものではありません。しかし、残念ながら職員による虐待は後を絶ちません。虐待は、ある特定の職員が他の職員の目の届かないところで単独で不適切な対応として行われている場合もあれば、複数の職員によって慢性的に行われている場合もあります。

虐待のもつ問題

虐待はさまざまな問題を引き起こします。まず、利用者の人権を著しく傷つけてしまいます。個人の尊厳を損ない、利用者に心の傷を負わせてしまったり、身体的な傷を負わせてしまったりすることもあります。最悪の場合、死に至る場合もあります（図表21－1）。

図表21－1　利用者虐待の実態

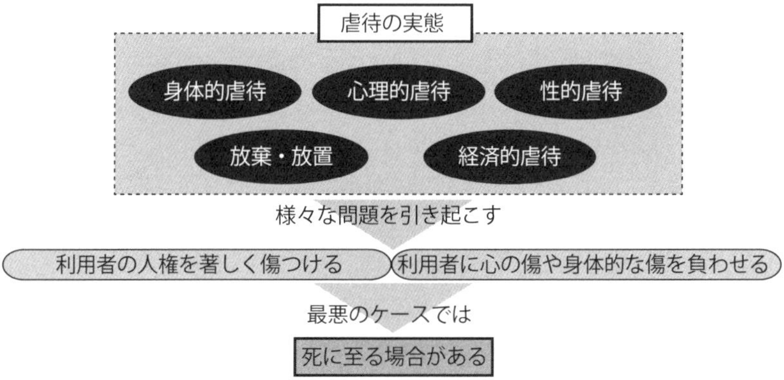

虐待の実態
身体的虐待
心理的虐待
性的虐待
放棄・放置
経済的虐待
様々な問題を引き起こす
利用者の人権を著しく傷つける
利用者に心の傷や身体的な傷を負わせる
最悪のケースでは
死に至る場合がある

筆者作成

しかし、虐待問題はそれだけにとどまりません。そもそも虐待を見かけた職員は虐待を行っている職員に対して不信感を抱きます。上司に相談しても上司が適切な対応を行わなかったとしたら、上司に対しても不信感を抱きます。このような職場に対する不信感によって、いたたまれず行政に通報すると、行政の調査が入ります。そうすると、職場のなかで誰が通報したのかといった犯人探しが始まります。

こうなると職員同士の関係が大変気まずくなります。職員同士で不信感が蔓延します。なかには、自分の行っている支援・ケアが虐待として訴えられるのではないかといった不安から萎縮してしまい、自信をもって支援・ケアに当たることができなくなります。職員間のコミュニケーションがぎこちなくなり、チームワークが保てなくなり、統一した支援・ケアとなりません。利用者やご家族からの信頼をなくしてしまいます。退職する職員も出てきます。結果的に支援・ケアの質の低下をもたらすことになります（図表21－2）。

内部告発に至らずとも、職場としてしっかりとした利用者支援・ケアにつながらないため、職員間の葛藤が表面化し、支援やケアに悪影響を及ぼします。

図表21－2　虐待のもつ問題

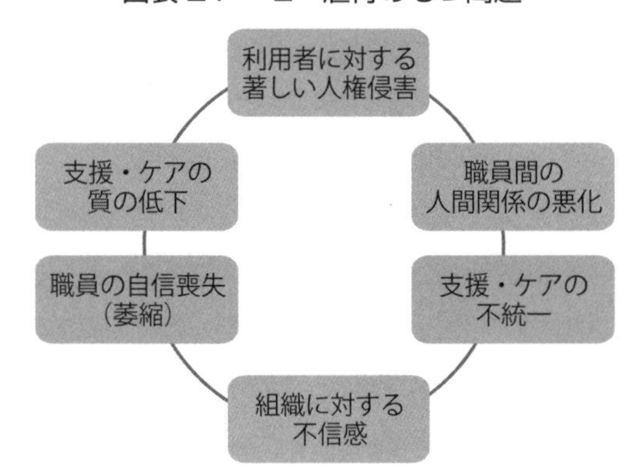

筆者作成

虐待を引き起こす要因

では、本来利用者の生活を護るべき施設・事業所内でなぜ、虐待が起こるのでしょうか。以下の要因が考えられます。

①**職員の人権意識の希薄さ**：利用者に対する人権意識が職員に十分備わっておらず、利用者を単なる福祉の対象者としか捉えていないことが要因です。職員は利用者に「してやっている」という感覚で、職員主導で物事を進めてしまいます。したがって、職員の言うことをきかない利用者に対して体罰や身体拘束などの身体的虐待や暴言などの心理的虐待が起こるのです。

②**虐待に対する認識不足**：職員の利用者に対するかかわりが職員主導で不適切であるにもかかわらず、そのことに職員自身が気づいていないことが要因です。いわば、職員に悪気はないのかもしれませんが、自分たちの不適切なか

かわりが虐待である、あるいは虐待につながっているにもかかわらず、問題意識がないのです。利用者の安全のためにといった理由で身体拘束を行うことが例として挙げられます。また、利用者に接する態度やことば遣いが不適切であったりもします。

③**過去の経験のみに依存**：ベテランといわれている職員がかつて力ずくで利用者を押さえつけて制御してきたという実績があり、その方法にこそ効果があると思い込んでいることが要因となっています。職員の体罰や厳しい口調による対応しか術を持たない職員は、力ずくで押さえつけることを正当化しているのです。

④**職員の私利・私欲**：職員自身の私利・私欲を抑えきれないことが要因となっています。経済的虐待や性的虐待はこの要因が大きく影響しているようです。利用者は自分の利益や生活を護ってくれる職員であるという信頼感のもとに個人情報を提供したり、大事な通帳など財産関係の書類も預けたり、身を委ねたりします。職員がこの弱みに付け込み、自分の欲求を満たそうとしたり、してはいけないことだと分かっていても誘惑に負けてしまったりします。なかには、「ふと魔が差す」といったこともあるようです。また、職員の性的な欲求の対象として利用者に性的虐待を行ってしまうこともあります。

⑤**職員の感情のままの言動**：職員が利用者とのかかわりのなかで、自らの感情を十分コントロールすることができず、冷静に対応できないことが要因です。感情的なものの言い方をしたり、冷たく利用者に接したり、辛く当ったりします。業務過多で追い込まれた状態に陥ったり専門性が乏しく適切な対応ができなかったり、人として感情のコントロールが難しい素質であったりすることが影響しています。

⑥**永遠の子どもであってほしい願望**：主に知的障害の利用者に対してその言動が幼く感じられることから子ども扱いしていることが要因です。成人の利用者に対して幼い子どものような接し方をしたり、上から目線で接したり、呼称も「○○ちゃん」と呼んだりニックネームで呼んだりして年齢にふさわしくないかかわりをしてしまうのです。

⑦**専門知識や技術の乏しさ**：利用者の疾病や障害特性の理解不足から利用者にどうかかわって良いか分からず、結果的に不適切なかかわりとなってしまう

ことが要因です。利用者の状況を十分理解せず、職員側の想いだけでかかわろうとすることで利用者に混乱を招き、パニック状態に陥らせてしまいます。その状況を目の当たりにした職員が、どう対応して良いか分からずパニック状態に陥ってしまうのです。そこで、力ずくでその場を押さえようとして、そのことが結果的に不適切なかかわりとなってしまうという悪循環に陥るのです。ときには、職員数人で利用者を押さえつけ羽交い絞めにするといったことも見受けられます。

⑧**業務の過重やストレス**：少ない職員数で多くの業務を遂行していかなければならないことで、職員が追い詰められていることが要因です。初任者など経験の浅い職員が、任された日常業務を遂行することに精一杯の状態で、本来の利用者本位にもとづいた支援・ケアを実践できない状態に陥ってしまっています。先輩方の足を引っ張ってはいけない、業務を遂行できないことでダメな職員だと思われたくない、先輩方に叱られてしまうなど業務に対する焦りがストレスとなり、業務に余裕がないのです。職員の声掛けに利用者が従わないようなとき、つい大きな声を出したり、力ずくで動かそうとしたりするといったことが起こります。

⑨**責任転嫁**：本来、気づいた職員が対応すべきであるにもかかわらず、他の職員が対応してくれるだろうという無責任さが要因です。職員が自らかかわっていこうという主体性や自主性が欠如し、ルーティンワークを消化するといった消極的な業務姿勢なのです。たとえば、「業務時間がもうすぐ終了するが対応していたら業務終了時間が過ぎてしまう、この利用者の対応は大変でややこしいから気づかぬふりをして他の職員に任せよう」といった放棄・放置が起こります。また、「利用者のオムツが濡れていると気づいているのに、他の職員がやってくれるだろう」といった放棄・放置が起こります。

⑩**職員の素質**：そもそも福祉施設・事業所の職員として不適格であることが要因です。不適格な職員は利用者の利益や生活を護るという社会福祉の仕事の本質や心身にさまざまな悩みや問題を抱えた利用者とかかわるということに不向きであり、不適切なかかわりをしてしまうのです。

⑪**密室性**：外部との接触がほとんどないことで職員の自制心が働かないことが要因です。家族、ボランティア、実習生など外部の目があると職員もある程

度自らの言動に歯止めがかかります。しかし、外部の目が届かないことでつい高圧的な態度で接してしまうようになるのです。

⑫**業務優先**：職員主導型での業務優先となっていることが要因です。利用者のペースを保っていてはいつまでたっても業務が終わらない、だから日常業務を淡々と消化することが施設・事業所のなかで常態化してしまっているのです。結果、業務優先であるため、利用者本位ではなく、利用者に対して不適切なかかわりとなってしまうのです。

⑬**施設長など管理者のワンマンによる厳しい統制**：管理者がワンマンであり、力ずくで利用者を押さえつけることを徹底し、厳しい統制のもとで組織運営されていることが要因です。体罰などの虐待行為を指導、教育にすり替えて正当化してしまっているのです。管理職自ら利用者を力ずくで押さえ付けており、現場職員にも力ずくで押さえつけることを強要しています。利用者を抑圧することで統制がとれると信じ切っているのです。

⑭**施設長など管理者の放任主義**：管理者が何事も現場任せで、ほぼ放任状態で組織運営されていることも要因です。現場に任せてある、といえば聞こえは良いのですが、放任となるとこれは管理者の責任放棄です。管理者は現場の状況が分からず、適正な判断ができなかったり職員管理が十分できなかったりするため、組織として統制がとれなくなっています。

⑮**虐待防止のための規程やマニュアル、職員の行動規範が不十分、形骸化**：職員が自らの言動を振り返りチェックし、次につなげていくためには虐待防止の規程やマニュアル、職員の行動規範を定める必要がありますが、これらが不十分であったり、ほとんど活用されていなかったりすることが要因です。職員自身、どう振舞ったらよいか分からず自らの言動の善し悪しを具体的に振り返ることができていません。

⑯**職場のチームワークの未熟さやコミュニケーション不足**：職員間で、業務に関することや利用者支援に関する情報が共有されていなかったり、チームとして対応するという意識が不十分であったりすることが要因です。お互い助け合う、連携し合うということができておらず、ちぐはぐな業務遂行となってしまいます。そして、利用者支援に対する想いを共有できず、各職員がそれぞれの想いで業務に携わっているのです。

⑰**支援の方針の不統一やあいまいさ**：チームとしての対応ができておらず、それぞれの職員の想いのなかで利用者とかかわっていることが要因です。職員は利用者の支援やケアの方針や具体的なかかわりについての悩みを抱えていることでしょう。しかし、どうかかわってよいか分からないまま我流で、その場その場の対応を行っていては、組織として一貫したかかわりとなっていないのです。ある利用者とのかかわりにおいて、ある職員は支援・ケアの一環だと考えていても、他の職員からすると、あのようなひどいかかわりは虐待だと考えているかもしれません。現場のリーダーが、とくにかかわりにおいて困難な利用者の支援やケア方針を不統一、あいまいなまま放置しているのです。

⑱**虐待防止のための委員会や研修会の機能不全**：虐待防止に向けた職員の意識づけや研修が十分行われていないことが要因です。職員が虐待に対する問題意識を十分身につけられないのは、職場内外での研修などによる啓発が十分行われていないからです。

⑲**現場職員の相談、フォロー体制が不十分**：現場で働いている職員がさまざまな悩みを抱えているため、利用者に対して不適切なかかわりをしていることが要因です。いわば、職員自身が追い詰められてしまっているのです。理想と現実とのギャップ、支援やケアが思うようにできず悩んでしまうといったことが原因です。そしてそのような状況にある職員を支援できずに放置していることが要因です。管理者が現場任せにしているため、職員に対する相談・支援体制が不十分です。また、職員間でも虐待防止に取り組もうという意識が希薄であるため、職場ぐるみで改善していこうという姿勢が見受けられず、相互援助の体制がとれていません。

⑳**職場内の変な仲間意識**：施設・事業所はチームで仕事をしているため、職員集団から仲間はずれにされたくないといった心理的な不安が要因です。あるべき姿を主張すると他の職員から嫌われる、拒絶されるのではないかといった不安感から、不適切なかかわりであると感じつつも勢力のある職員（集団）に溶け込もうとし、改善できないのです。

さまざまな要因が重なって虐待につながってしまう

虐待の要因には、職員の福祉専門職としての職業倫理の欠如、専門知識や技術の未熟さ、経験主義、職員の福祉専門職としての資質の問題に加え、管理者やチームリーダーの姿勢、組織体制の問題、研修体系の不十分さ、業務優先や職員主導といった職場の風土や職員関係も大きく影響しています。職員が追い詰められた状況に陥っていることも大きな要因と考えられるのです。まさに、職場の業務体制や職員の相談・支援体制が大きく影響しているのです。そして、これらの要因は単一ではなく、複雑に絡み合っているといえるでしょう。

第 22 講座

虐待防止の第 1 歩

虐待のセルフチェック

皆さんは、「わが職場では虐待問題は起こっていない」と思われているかもしれません。しかし、今現在虐待が起こっていなくとも、今後発生する危険性を秘めているのです。また、ひょっとしたら気づいていないかもしれませんが、虐待の実態や兆候があるかもしれません。

そこでまず、以下の虐待チェック表にもとづいてご自身の利用者に対する状況を振り返ってみましょう注)。各項目の頭の□に、該当する場合は□を黒く塗りつぶしてください。時々思い当たる節がある場合は、☑をいれてください。該当しない場合は□のままにしてください。

□利用者に叩くなどの体罰や、後ろから突き飛ばすといった行為を行っていないか？

□ある特定の利用者のかかわりにおいて、押さえつける（羽交い絞めにする）、といったことはないか？

□身体拘束（縛る、部屋にかぎをかける、ベッドから動けないなど自由に移動できない状況にする）を行っていないか？

□ある特定の成人利用者に対して、「○○ちゃん」、ニックネーム、呼び捨てで呼んでいないか？

□利用者に友達感覚や子ども扱いするなど、年齢にふさわしくないかかわりをしていないか？

□利用者に対して、きつい口調でものを言っていないか？

□利用者に対して、威圧的な態度で接していないか？

□利用者に対して、命令口調で話をするようなことはないか？

□ある特定の利用者に対して、いい加減な態度や受け答えを行っていないか？

□ある特定の利用者に対して、乱暴で雑なかかわりをしていないか？

□不必要に大声を出していないか？

□利用者を脅すようなものの言い方をしていないか？

□利用者を傷つけるようなことを言っていないか？

□利用者の疾病や障害、言動を笑いのネタにしていないか？

□感情的なものの言い方になっていないか？

□利用者が理解できないような話し方や、分かりにくいことばなどを用いたり、理解できないような職員からの一方的な伝達方法となったりしていないか？

□わいせつな言動をしていないか、させていないか？

□利用者へのかかわりが必要であるにもかかわらず、そのまま見過ごしていないか？

□「ちょっと待って」と言ったきり放置していないか？

□利用者に声を掛けられたのに聞こえないふりをしていないか？

□利用者の居室にノックや声掛け無しに入っていないか？
□利用者の私物を利用者の許可なく勝手に触っていないか？
□利用者の預貯金を勝手に引き出していないか？
□利用者の意見や訴えに対して、無視したり、否定的態度を取ったりしていないか？
□利用者の嫌がることを強要したり嫌悪感を抱かせるような支援、訓練を行ったりしていないか？
□ある特定の利用者のかかわりにおいて、無理やり○○させる、といったことはないか？

結果はいかがだったでしょうか。黒く塗りつぶしたり、☑のついた箇所が多かったりすると、不適切なかかわりが多いといえるでしょう。ぜひご自身の言動を見つめ直してください。

一方、このチェックリストは、やや抽象的な表現になっているので、この内容をもとにより具体的に日常の業務のなかでチェックリストの項目をどのように解釈すればよいかを整理してみましょう。たとえば、聞こえないふりをしていないか、無視をしていないか、といった項目について考えてみましょう。ある利用者が同じことを何度も何度も質問してくるとします。最初はその都度返答していたのですが、あまりにも繰り返して質問してくるので、聞き流してしまうことがあったとします。このとき、同じことを繰り返し質問してくる利用者に対して、どのように返答し、どのようなかかわりを行っていくとよいのかを職場のなかで考えましょう。そのまま放置し、何度も同じ質問をしてくるので、もういい加減にしてほしいとの理由でついきつい口調で言い返したり、聞き流したりすることは問題といえるでしょう。場当たり的な対応になったり、職員によって対応がバラバラで統一できていなかったりすることが問題なのです。職員間で話し合い、なぜ利用者は何度も同じ質問を投げかけてくるのか、そしてどう対応すればよいのかを検討しましょう。

また、無理やり○○させる、強要する、といったことについて考えてみましょう。利用者の生活上、どうしてもやっていただかないといけないこともあります。ご本人が嫌がっているから、無理強いをしてはいけないという考え、やっていただかないといけないという考えなどいろいろな考え方があります。利用者の嫌がることを無理強いするのではなく、ご本人に納得してもらうにはどうすればよいか職員間で話し合い、適切な対応方法はないか考えましょう。

このように、虐待防止チェックリストは、自分自身を振り返り不適切なかかわりを戒めるという意味があるのですが、利用者への適切なかかわりを見出していくという意味も含まれているのです。

チェックリストで振り返ると気づくことがあるかも

大きく影響する施設長・所長の業務に対する考えや取り組み姿勢

虐待は、できない職員を責めたり、失敗した職員を罰したり、再教育したりするだけでは問題解決につながりません。職場としてどう対応するのかをしっかりと考える必要があります。だから、職場の長である管理者（施設長・所長）が先頭に立って虐待防止に努めなければならないのです。虐待防止は施設長などの役職者の意識や取り組みが大きく影響するといわれています。いわば組織マネジメントです。

ある障害者支援施設で次のような話を聞きました。施設長が極めて閉鎖的な考えで、家族が面会に来ても利用者の居室ではなく玄関横の会議室でしか会えない、職員を研修に出さない、現場のことは現場に任せきりで関心がない、職員の想いを全く聞こうとしないなどさまざまな問題が指摘されていました。

職員は表情も暗く、仕事に対して消極的で、職場に対する不満が鬱積しています。一方で、職員主導で日々の業務を淡々と遂行しているだけで利用者に対するかかわりも不適切な場面がいくつもあり、いつ虐待が起こってもおかしくない状況でした。

新年度になって施設長が交替しました。新しく赴任した施設長は、前の施設長とは異なり、施設をできるだけ開放し、家族との面会も自由にしたり見学者、ボランティア、実習生を利用者の生活に支障のない範囲で積極的に受け入れたりするようになりました。現場職員の声に耳を傾け業務の改善に努めたり、外部研修にも職員を積極的に派遣したりするようになりました。

半年ほどすると職員に変化が見られるようになりました。表情が明るくなりました。職員同士のコミュニケーションも活発になり、業務に対しても前向きな発言が見られるようになりました。外部研修に参加したことで、他施設・事業所の職員の考えや取り組みを聴くことができ、新鮮な気分になり、徐々に業務改善に取り組むようになったのです。

新たに着任した施設長が施設をオープンにしました

施設長が交替してわずか半年で職員の業務に対する士気が随分と向上したのです。いかに、施設長の考えや業務に対する取り組み姿勢が職員に影響を及ぼすのかをお分かり頂けたと思います（図表 22 − 1）。虐待防止には、虐待防止に向けた組織体制づくりや職員育成、一人ひとりの職員の士気の高揚や専門性の修得といった重層的な取り組みが不可欠となるのです。読者である皆さんは、それぞれのお立場で以下の虐待防止に向けての取り組みを読み進めて下さい。

図表 22 − 1　施設長の考え方の重要性

CLOSE

考え方 → 閉鎖的

面会 → 利用者の居室ではなく、玄関横の会議室でしか会えない。

職員への対応 → 研修に出さない。現場のことは関心がなく、職員の想いを全く聴こうとしない。

職員は表情も暗く、仕事に対して消極的。利用者へのかかわりも不適切な場面が多く、虐待が起こりかねない状況。

施設長の交代による変化

虐待防止に向けた組織体制づくりや職員育成、一人ひとりの職員の士気の高揚や専門性の修得といった重層的な取り組みが不可欠

OPEN

考え方 → 開放的

面会 → 家族との面会も自由にし、見学者やボランティア、実習生の受け入れを行う。

職員への対応 → 研修に積極的に派遣。現場職員の声に耳を傾け、業務の改善に努める。

職員の表情が明るくなり、職員同士のコミュニケーションが活発になる。前向きな発言も見られ、徐々に業務改善に取り組むようになる。

筆者作成

第23講座

虐待のない支援

待防止に向けての取り組み

虐待防止に向けてどのような取り組みを行えばよいのでしょうか。以下の内容を参考に取り組んでいきましょう。

1．職員の専門性の深化

①利用者に対する確固たる人権意識の醸成

利用者は、私たち職員と同じ一人の人間であり、尊い存在なのです。そのことをしっかり認識しましょう。利用者は、生活上のさまざまな困難があり、皆さんの施設・事業所を利用しているのです。利用者は大なり小なり生活の一部を職員に委ねているのです。委ねざるを得ないのです。職員を信頼しているのです。信

頼せざるを得ないのです。その期待を裏切るようなことをしてはいけないのです。福祉専門職として、利用者の尊厳を尊重し、権利利益を護り、生活を護り、自立生活を支援するという利用者支援の価値にもとづいた言動のできる職員、すなわち職業倫理を身につけた職員となることが何よりも重要となってくるのです。

②利用者を中心に考えた支援の意識の高揚

本書のテーマでもある利用者主体、利用者本位の支援を実践する取り組みを心掛けることです。職員主導ではなく、利用者を主人公とした支援とはどのようなものなのかを一人ひとりの職員が意識し、職場で話し合いながら支援に取り組んでいくことです。

③利用者の疾病や障害特性の理解と具体的かかわり

利用者中心の支援やケアとは、利用者という人をよく理解するということです。職員の一方的なかかわりをしていては利用者に受け入れられません。自閉傾向のある利用者にとって、自分の世界にいきなり職員が土足で入り込んでこられては混乱を起こします。利用者の混乱を招くようでは、不適切なかかわりなのです。認知症の利用者に対しても同じことがいえます。そこで、利用者の疾病や障害特性を理解し、ふさわしいかかわりを心掛けましょう。そのためには、利用者の有する疾病や障害特性について、その疾病や障害特性を踏まえた適切なかかわりについての知識や技術を身につけましょう。そのことを踏まえ、実際利用者にかかわっていきましょう。

利用者の疾病や障害特性を踏まえたかかわりをしましょう

2. 利用者の声にしっかりと耳を傾ける

職員主導ではなく、利用者主体、利用者本位の支援・ケアを目指していくには、まず利用者の声をしっかりと聴きましょう。これは、第13講座で説明したように、利用者の想いをしっかり引き出し、聴き取ることが大切なのです。

3. 学ぶ姿勢

人権意識の高揚、専門的知識や技術の習得は、難しい専門書を読む、ということだけを指しているのではありません。福祉現場向けに書かれた解説書や実践報告書など読みやすい冊子や書籍から実践的に学びましょう。あるいは、先駆的な取り組みを行っている施設・事業所に見学に行ったり、その施設・事業所の職員からアドバイスを受けたりしましょう。さらには、外部研修に参加したり、職場内研修を実施したりしましょう。

専門的知識や技術のある職員が講師を務めたり、職場内で研究発表を行ったり、外部の専門家を招いたりして職場内研修を開催しましょう。日々の業務を通して専門的知識や技術のある職員がOJTという形で経験の浅い職員の指導を行ってもよいでしょう。場合によっては、福祉現場に理解のある研究者の助言やアドバイスを受けてもよいでしょう。要は、実践的な学びをすることが大切なのです。これらのことを通して一人ひとりの利用者のかかわりについて検討していきましょう。

4. 問題意識を持った職員同士の団結

職場での利用者に対するかかわりに疑問や問題意識を持った職員はあなただけでしょうか。他にもいるのではないでしょうか。一人で職場を変えることは大変な労力ですが、同じような考えをもった職員と一緒に職場を変えていきましょう。職員主導に疑問を感じ利用者主体を実践している職員に声をかけ、お互いの想いを共有しましょう。その仲間を徐々に増やしていきましょう。そして、利用者本位の支援、利用者主体の支援の実践を前面に押し出して実践していきましょう。さらに仲間が増えることでしょう。一人の力は小さくとも複数の力が集まると大きな力になります。

職員主導で物事を進めている職員の批判に終始したり、あきらめの境地で投げやりになったりするのではなく、利用者本位、利用者主体の支援を実践していきましょう。そうすることで、「できるんだ」ということを周囲の職員に分かってもらえることが大切なのです。このことが、以下に紹介する職場での取り組みへと発展していくのです。

5．虐待防止に向けた規程・マニュアル、チェックリストの作成と実施

職場として虐待防止に向けた規程やマニュアル、チェックリストなどを作成し、遵守していくことです。虐待とはどのような意味なのか、内容としてどのようなことを指すのか、虐待がなぜいけないのか、職員としての心得、利用者への接し方について重要な項目など虐待防止に向けた職場の取り組みを文書にしましょう。そして、目に付くところに掲げたり、さらに、朝礼等で再確認したりして周知を徹底しましょう。

まだチェックリスト表を作成していない職場は、先ほど紹介したチェックリスト表を参考に、各職場でもチェックリスト表を作成しましょう。チェックリスト作成過程で苦労すると思いますが、まさにその苦労が虐待とはどのようなもので、なぜいけないのか、利用者への適切なかかわりとはどのようなものかを考える機会となるのです。

そして、セルフチェックを実施し、より具体的に自らの利用者に対する言動を振り返り、どう振舞うべきかを考えていきましょう。さらに、職場のなかでセルフチェックをもとに話し合いを行い、チェックリストの項目のもつ意味と職場としてこのことをどう解釈し、職員としてどう振舞うべきかについて共通理解できるようにしていきましょう。

個々の職員がそれぞれの想いだけで動いていては、支援やケアがちぐはぐなものとなってしまいます。それでは、職員間で摩擦が生じてしまいます。利用者支援は個人で取り組んでいるのではありません。組織として取り組んでいるので、職場としての統一した考えやかかわりが重要となってくるのです。

チェックリストを作成した直後は、月に１回程度セルフチェックを実施しましょう。そして、チェックリストの見直しも行いましょう。その後、徐々に間隔をあけて、年に１、２回でよいのでセルフチェックを実施し、それを職場のなかで分かち合い意見交換をしましょう。他の職員と思いを分かち合うことで、職員同士の意思の疎通も図ることができ、職員としての振る舞いをより具体的に理解できるように

なるでしょう（図表23－1）。

図表23－1　虐待防止のチェックリストの作成から振り返りまでのPDCA

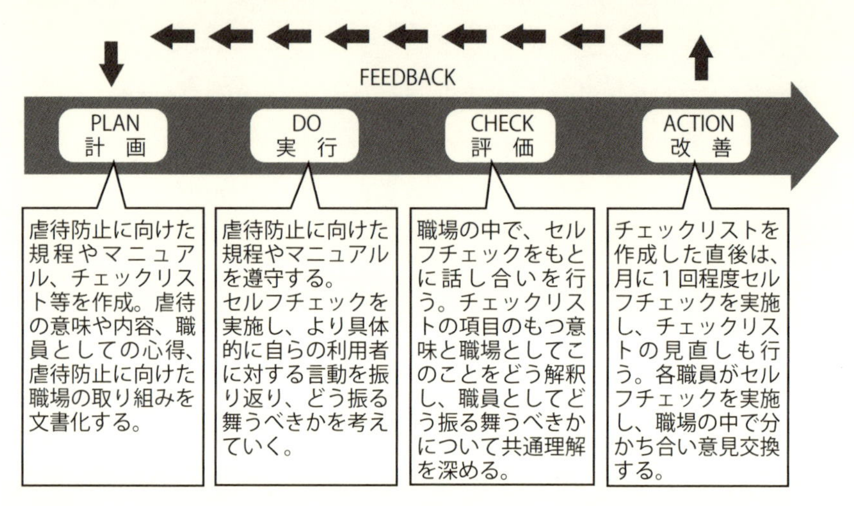

筆者作成

6．職場内での具体的なかかわりの検討

虐待の具体的な項目内容を理解することは必要です。しかし、職員のどのようなことば掛けや対応なら虐待にはならない、どのようなことば掛けや対応なら虐待にあたる、といった単純なものではありません。利用者の状況やその場面で起こっている事柄も違うのです。

そこで、先ほど紹介したチェック表を参考に、不適切なかかわりと思われること、適切なかかわりと思われることを多く抽出して、職員間で話し合い共有しましょう。また、具体的に利用者の○○さんに対して、この場面ではこのようにかかわっていきましょう、このようなかかわりをなくしていきましょう、といった具合に一人ひとりの利用者について考えていきましょう。大変な労力ですが、問題が起こったときに対応する労力を考えると、このことをきっちりやっていくことが実は重要なのです。

なぜなら、支援・ケアの方針や具体的かかわりを統一することになるからです。かかわりにおいて困難な利用者について部署内の職員同士でどのようなことで困っているのか、どう対応しているのか、どう対応すべきだと考えているかを話し合いましょう。個々の職員がそれぞれの想いでかかわるのではなく、組織としてのかかわりとなるのです。そして、具体的なかかわりを個別支援計画や施設サービス計画に盛り込みましょう。

職場として利用者本位の支援を考えていこうとすると、職員の士気が上がります。職員間のコミュニケーションやチームワークが向上します。しっかりとした対応ができると、結果的に問題が起こらないので問題に対処するという無駄な時間が省けます。そして、何よりも私たちが目指している利用者主体・利用者本位の支援につながっていくのです。

7. 風通しの良い職場づくり

外部の目が入ることで職員の自制心が働きます。外部の人に見られていることで自らの言動の襟を正す、ということにつながるのです。ボランティア、実習生、地域住民、利用者の家族、見学者など利用者の生活を侵害しない範囲でオープンに受け入れましょう。誰に見られてもはずかしくない支援やケアを目指しましょう。

8. 役職者のリーダーシップの発揮

利用者支援やケアについては、職員がそれぞれ自分の考えをもっています。常に一つにまとまるとは限りません。統一した支援やケアを実践していくには、主任などのチームリーダー、あるいはサービス管理責任者、施設ケアマネ、課長といった役職者が、場合によっては施設長自らが、いろいろな職員の考えを聴きながら、どのような支援やケアを行っていくべきかを判断しないといけません。このとき、一部の職員の意見だけを尊重したり自分の想いを押し付けたりしてはいけません。広く職場（部署）の職員の想いを確認したうえで、役職者として判断していくのです。

その組織としての判断には所属する職員は従わなければなりません。自分の意見とは異なるからといってそれには従わない、というのでは組織として成り立ちません。しかし、役職者の判断が利用者の人権を損なう恐れがあると思う場合は、そのことを主張し、再検討するよう求めましょう。

9. 職員間のコミュニケーションと連携、相互援助

利用者支援など業務に関することで、些細なことでも気づいたことについて職

員間で情報共有、意見交換をしましょう。これによって、職員が同じ情報をもとに業務に従事することができます。また、他の職員の考えを聴くことができ、視野が広がります。一方、自分の意見や気づきを他の職員に伝えることで、自分の想いを他の職員に理解してもらえることにもなります。コミュニケーションが活発になると、他の職員の動きも見えてきます。

そして、チームの一員としてお互い助け合いましょう。他の職員が手いっぱいであったり、困っていたりしたときは、「あの人の仕事」で済ますのではなく、「手伝いましょうか」と声を掛けましょう。逆に、あなたが手いっぱいであったり困ったりしたときは、「お願い、手伝って」と援助を求めましょう。決して一人で抱え込まないようにしましょう。仕事は、一人でしているのではありません。組織として行っているのです。一時的に許容範囲を超えた業務が重なったり、困難な課題が降りかかってきたりすると、利用者を中心とした支援を見失ってしまいます。そうならないよう、お互い助け合い、利用者を中心とした支援を職場として実践しましょう。

10. お互い注意し合える環境作り

他の職員が不適切なことをしているとき、注意しましょう。また、他の職員から注意されたときは、素直に聞き入れましょう。お互い注意し合うことができることで自分では気づかない不適切なかかわりに気づき、減らしていくことになるのです。見過ごすのではなく、同じ職場の仲間だからこそ、仕事には厳しくしましょう。このことが結果的に、利用者は無論のこと、職場や職場の仲間を救うことにもなるのです。

11. 業務体制の見直し

業務過多や業務体制そのものに無理があると、いくら上記のことを心掛けても限界があります。職員が追い詰められるだけです。限られた職員数のなかで、数多くの業務を遂行していかなければならない以上、どこかを減らして重視すべき事柄に焦点をあてていかなければなりません。スクラップ・アンド・ビルドで業務の内容や進め方を見直しましょう。役職者は、職員の業務内容を把握し適切な配置を行いましょう。職員に「頑張れ！頑張れ！」だけでは、利用者主体、利用者本位の支援にはつながりません。

理想と現実のはざまで

これらの取り組みはそれぞれ独立したものではなく、相互に関係しているのです。職場ぐるみで自分たちの職場で何ができるかを考え、取り組みましょう。

ある施設に研修に呼ばれて利用者主体の支援について話をしました。事後のアンケートで「いつまで理想を追い求めるのですか？」といった記載がありました。私の話の内容と現場の実情とがあまりにもかけ離れていたのでしょう。そんな理想なんて夢のまた夢だし無理に決まっている、もっと現場の実情を分かってほしいといった趣旨だと思います。しかし、業務多忙や人手が足りないなどの「できない」理由ばかりを主張するのではなく、どうしたらできるようになるかを考えましょう。

理想はほど遠いものかもしれません。理想の姿に手が届かないと思うかもしれません。しかし、理想を意識するからより良い方向に進んでいくのです。いきなりゴールを目指すのではなく、一つひとつの積み重ねが大切なのです。小さなことでもよい方向に向かうと、理想の姿がより身近に感じることができるでしょう。その積み重ねが理想の姿に近づいていくのです。現状に満足するのではなく、現状に固執するのでもなく、皆さんが社会福祉の仕事に就こうと思った動機や社会福祉の専門職業人としてどうあるべきかをもう一度確認してください。

職場は組織で動いているので、一人でできるものではありません。課題解決に向けて問題意識を共有し合い、現場の創意工夫を引き出しながら検討していくことが、組織の活性化、職員のモチベーション向上につながっていくのです。

利用者を大切にした支援こそが虐待防止の近道

利用者の人格を傷つけるようなことばを発したり、冷たい態度で接したり、利用者を力ずくで押さえつけ、職員の思う通りに動かそうとしたり、おとなしくさせようとしたりしても何の解決にもつながりません。一時的に力ずくで押さえつけおとなしくなったかに見えても、利用者にとっては辛い想いや悔しい想い、あるいは恐怖心などが残るだけです。職員に対して不信感が募るばかりです。職員もすっきりしないなかで力ずくで押さえつけるしか術を見出せないという閉塞感に苛まれます。やがて、そのことにも疑問を感じなくなり、利用者主体の支援やケアを忘れてしまいます。

私は、虐待のない支援とは、裏を返せば一人ひとりの利用者を大切にした支援を行うことだと思っています。一人ひとりの利用者を大切にした支援を行っていれば、結果的に利用者に対する虐待はなくなるのではないでしょうか。虐待という言葉は重苦しいイメージがあります。「虐待をなくすために」といった取り組みは必要です。しかし、なんとなく重苦しい雰囲気を感じてしまいます。「○○をしてはいけない」といったマイナスの取り組みがクローズアップされ、萎縮してしまいそうです。そこで、しっかりとした福祉専門職としての職業倫理を身につけ、普段から一人ひとりの利用者を大切にした支援を心掛けていくことが虐待防止の近道だと思います。

利用者に対する不適切と思われるかかわりを抽出して、それを職場のなかで改善する方法を話し合うことで、虐待を疑われる行為をなくすよう努めることは大切です。一方、利用者とのかかわりで意識していることや心掛けていること、素晴らしいかかわりを抽出して、それを職員間で共有し、それらを増やしていく取り組みも重要だと思います。ちょっとした工夫や素晴らしいかかわりを増やすことで、虐待と思われる行為は減少、消滅していくのです。利用者という人を大切にした支援をぜひとも心掛けましょう。

第22講座のチェックリストを応用して、適切なかかわりを考えてみましょう。各項目の頭の□に、該当する場合は□を黒く塗りつぶしてください。時々思い当たる節がある場合は、☑をいれてください。該当しない場合は□のままにしてください。黒く塗りつぶした項目が多いほど利用者を大切にした支援に近いといえるでしょう。

□成人利用者に対して、呼称は「○○さん」と呼んでいる

□利用者の年齢にふさわしいかかわりをしている

□利用者に対して、丁寧に接している

□利用者には誠意をもって接している

□利用者に対して、優しい、温かいことば掛けを行っている

□利用者の疾病や障害特性を理解したかかわりを心掛けている

□気持ちを落ち着けて利用者と接している
□利用者が理解できるような表現方法を心掛けている
□利用者へのかかわりが必要であるときにはしっかりかかわっている
□利用者の居室に入るときは、ノックや声掛けを行っている
□利用者の私物に触れるときは、利用者の許可を得ている
□利用者の想いはどのようなものかを意識しながらかかわっている
□利用者の想いを引き出すために、いろいろと工夫しながらかかわりを模索している
□利用者が好むプログラムを見出すために、多彩なプログラムを用意している
□利用者の意見や訴えに対して、耳を傾け真摯に向き合っている
□利用者の想いを尊重し、できるだけ応えるよう心掛けている
□利用者の嫌がることや嫌悪感を抱かれるような支援や訓練を強要しないで、理解を得られる方法を模索している
□職員の都合を押し付けないように心掛けている
□利用者に対する発言内容には一貫性がある
□利用者との約束を守るようにしている

当たり前のことかもしれませんが、この当たり前のことを確実に積み上げていくことが大切なのです。皆さんの職場でも、素晴らしいかかわりをしている職員のかかわりを抽出し、職員全員で実践して行ってはいかがでしょうか。

注）本講座で紹介したチェックリストは、これまで筆者が障害福祉施設・事業所の職員の方々を対象とした研修での話し合いの内容および社会福祉法人全国社会福祉協議会障害者の虐待防止に関する検討委員会が作成した障害者虐待の防止（チェックリスト）Ver.3（2011 年版）、公益財団法人東京都福祉保健財団高齢者権利擁護支援センター作成虐待の芽チェックリスト（入所施設版）を参考に作成しています。

チームで関わる利用者支援

第24講座　チームアプローチ

第24講座
チームアプローチ

チームで仕事

施設・事業所に勤める職員は、利用者の生活支援という施設・事業所の目的を果たすために、それぞれ与えられた業務を遂行しています。職場はチームとして動いており、決して個人で仕事をしているのではありません。いわば、チームの一員として仕事をしているのです。各職員は、職場の方針にもとづいて、職場の看板を背負って業務に従事しているのです。そして、職員同士の協力や連携のもとに業務が遂行されていくのです。そのことによって、一貫性と連続性のある支援、そして統一の取れた支援につながっていくのです。

情報の共有

チームで仕事をしている以上、チーム内の職員が情報を共有しておく必要があります。ある職員は知っているのに、別の職員は知らなかったとなれば、問題が生じてきます。まず、知らなかった職員は、「私は聞いていない」と職場に対しても情報を知っていた職員に対しても、なぜ教えてくれなかったのかといった不信感を抱きます。職員間で葛藤が生じてしまいます。

また、異なった情報のもとにそれぞれの職員が仕事をすると、統一性がなく、ちぐはぐになってしまいます。この不統一な仕事の進め方は、利用者に不利益をもたらすこととなります。よって、普段から職員間でしっかりとコミュニケーションをとり、情報を共有することを心がけましょう。職場として、情報の共有を図っていくことができるよう、体制を整えていくことが大切となります。

相互援助の風土

皆さんの職場では、ある職員が業務過多の状況にあるとき、他の職員が手伝いに入るという相互援助の風土が根づいているでしょうか。ある職員がある利用者のトイレ介助を行っていたとします。手が離せません。その状況のなかで、別の利用者がトイレ内で声をかけてきたとします。こちらも緊急です。「○○さんの介助を行っているので、しばらく待っていてください」というわけにはいきません。そのようなとき、職員がコールを押したり、声を出したりして他の職員に応援を求める必要があります。当然のことですが、そのことができているでしょうか。

また、ある職員の担当している業務が一時期に集中し、とても消化できないようなとき、どうしていますか。担当なのだから残業してでもやればよい、という考えもあるでしょう。残業してできるような業務内容や業務量であればよいのですが、そうでない場合、お互い助け合っているでしょうか。応援を求めることのできる雰囲気、応援に入ろう、という相互援助の雰囲気があるでしょうか。

ある職員の業務過多の状況で、他の職員が知らん顔していて業務に支障が生じたならば、結果的に利用者に迷惑をかけることになります。質の高い福祉サービスを提供するための職員間の協力や連携であることを忘れないようにしましょう。

あなたの職場には相互援助の風土がありますか？

チームとしての対応

職員は、すべての利用者と常に良好な関係を形成し、かかわっていけるわけではありません。ある利用者との関係をうまく形成することができず、対応に苦慮することがあります。また、何かをきっかけに利用者から信頼をなくしてしまうこともあります。そのようなとき、無理にかかわり続けようとすると逆効果となることもあります。しばらくの間、利用者と距離を置いて様子を見た方が良いこともあります。利用者とうまく関係が形成できないのはなぜか、利用者との関係が悪化したのはなぜか、今後どのようなかかわりが必要なのかを考える時間を設けましょう。

このようなとき、他の職員にその利用者とのかかわりを依頼することができます。職場として利用者支援ができていればよいのです。無理をして利用者とかかわらなければならないと思うのではなく、チームとして利用者支援を行っているのですから、他の職員に助けてもらいましょう。その方があなた自身も利用者も不安が軽減されるでしょう。場合によっては、他の職員とその利用者とのかかわりを参考にすることで、なぜ自分とはうまく関係が形成されないのかのヒントをもらうこともできるかもしれません。しばらく距離を置き、その利用者とのかかわりを模索しつつ、新たなかかわりを見出していきましょう。

福祉専門職だからすべての利用者と常にしっかり向き合わなければならないと考える必要はありません。お互いさまなのです。決して、一人で抱え込まないようにしましょう。

支援の不統一が引き起こす問題

職員一人ひとり別人格で、それぞれの価値観や人生観があり、仕事に対する想いや利用者支援に関する考えが異なっていて当然だといえます。しかし、利用者支援は個々の職員が自分の想いだけで遂行しているのではありません。職場の職員が個人の考えだけで利用者支援に当たっていると、職員間の見解の相違で職場内に大きな問題を生じさせてしまいます。

まず、利用者に迷惑をかけることになります。職員によって対応が異なっていると、利用者はどうすればよいのでしょうか。また、新任職員も先輩職員によって介護方法などの対応が異なっていて、それぞれの指導も異なっているとなれば、どの先輩の指導を信じるとよいのか分からず、結果的に我流となり、大きな失敗を犯してしまいます。新任職員の意欲の低下、自信の喪失につながりかねません。さらに、職員間で葛藤が生じ、チームとしての働きができなくなり、組織として機能しなくなり、大きな問題に発展する恐れが生じたりします。

支援の方針の統一

障害者福祉施設における支援を例に考えてみましょう。

自閉症でこだわりの強い利用者中井さんは、ときどき不安定になります。ときにはパニック状態となり、中井さん自身、あるいは周囲にいる利用者に危害を及ぼす恐れがあります。それを防ぐために支援員の橋本さんがかかわります。しかし、不安定な状態の中井さんに落ち着いてもらうのは簡単ではありません。支援員の橋本さんは無我夢中で中井さんの自傷、他害行為を止めようとします。このかかわりを傍で見ていた別の支援員の永田さんが、「ひどいことをする。あのような利用者を押さえつけるような行為は虐待ではないか」と思い、上司に訴えに行きました。

この事例にみられるように、職員の対応、場合によってはその職員自体に不信感を抱きかねません。職員によってかかわり方の考えが異なっていると、ある職員は支援の一環だと考え、別の職員はあのようなかかわりは虐待行為だと考えます。

日常のさまざまな仕事に対する考えや具体的な業務の進め方、利用者支援に関する考え方において、職員間で考えの相違が生じるのは当然のことです。すべての職員が全く同じ考えで同じ動きをするということはあり得ないでしょう。

しかし、見解の相違をそのままにしてそれぞれの職員の想いでかかわっていると、職員によっては「支援の一環だ」、「虐待行為だ」、となってしまうのです。やがて内部告発といった形で行政に通報されるでしょう。職員間の関係が気まずくなり、利用者支援に悪影響を及ぼしてしまいます。

そこで、個々の職員が個人の見解でかかわるのではなく、職場としてどのようなかかわりを行うのかを検討すべきです。関係する職員が集まり、意見交換を行い、支援の方針や具体的なかかわりについて検討しましょう。利用者支援は各職員の想いで行われるものではありません。組織として支援を行っているのです。施設・事業所としての見解がしっかりしておけば、どの職員がかかわっても同じようなかかわりができるのです。しかも、支援の方針や具体的かかわりが職場で確認できておれば、かかわる職員も自信をもって、冷静に対応できるのです。職員個人の責任が問われることもありません。

複数の職員でかかわる場合でも、それぞれの役割分担もしっかりと確認しておけばよいでしょう。チームとしてかかわっていくことができるのです（図表24－1）。

図表 24－1　チームで仕事

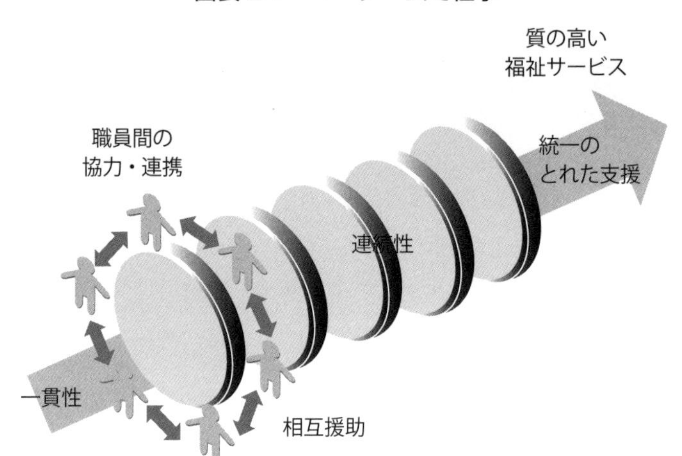

筆者作成

集中して利用者支援の方針を検討

職員間で見解の相違があることを認めたうえで、かかわりにおいて配慮を要する利用者について、どうかかわっていくかをしっかりと職員間で議論しましょう。すべての利用者に長時間かけて議論する必要はないと思います。とくにかかわりにおいて配慮を要する利用者に絞って集中的に議論すればよいのです。

1. かかわりにおいて、どのようなことで困っているのかを整理する
2. 現時点で、どのようにかかわっているかの情報交換を行う
3. どうかかわるべきなのかを意見交換し模索する
4. 利用者が不安定な状況になるのを回避するために、あらかじめ手立てはないだろうかを検討する
5. 職場としてのかかわりの方針の確認を行うとともに、意見交換を通して具体的なかかわり方や職員間の役割分担を示す

「じっくり時間を取って話し合う余裕などない」という意見もあるかもしれません。しかし、そのまま放置しておくと問題が大きくなり、対応に追われることで時間のロスにつながります。また、疲労感がたまります。じっくり意見交換し、

支援・ケアの方針を決め実践することで、問題を回避できるのです。必要な事項にはしっかり検討の時間をとりましょう。他の職員の考えを聴くことができ、自分の考えを主張することもできます。職員間で情報交換や意見交換することで、分かち合えることも多く出てくるでしょう。他の職員の考えを聴くことで、自分自身見えていなかった利用者の一面を垣間見ることができ、利用者理解につながったり、支援の考え方など視野が広がったりすることもあるのです。自分の考えだけが正しいと思ったり、意見を押し付けたりするのではなく、謙虚な姿勢で情報交換・意見交換をしましょう。そして、職場（部署）としての見解・方針や支援・ケアの方法を統一しておきましょう。

リーダーによる判断

職員間で議論しても意見がまとまらないこともあります。このようなときは、主任などのチームリーダーが職員の意見を十分聴いたうえで、最終的に判断します。場合によっては、施設長の判断に委ねなければならないこともあるでしょう。いずれにせよ、役職者は判断すべきときには判断すべきです。

そして、職員はその決定に従いましょう。自分の意見と異なる判断がなされたからそれには従えない、という考えは好ましいことではありません。組織に所属する者として、組織の決定には従いましょう。ただ、組織の判断が利用者の権利利益を侵害するもので、職場の都合だけを優先したものであった場合は、さらに話し合いの機会を設けるよう働きかけましょう。

チームアプローチに必要な職員間のコミュニケーションと連携

皆さんの職場は、普段から何気ないことでも職員間でコミュニケーションが図られているでしょうか。情報共有ができているでしょうか。それとも、最低限の申し送り程度の情報共有にとどまっているのでしょうか。利用者の様子で気づいたことや支援で思い浮かんだことなどを気軽に情報交換できるといいですね。

一人の職員の気づきや想いをその人だけの胸のうちに仕舞っておくのはもったいないと思いませんか。せっかく良い気づきがあったりアイデアが浮かんだりしたのですから、そのことを他の職員とも共有しましょう。他の職員も同じ気づきやアイデアを持っているかもしれません。同じ想いの職員がいると、それは自信につながります。また、気づかなかった職員の気づきを促すことにつながります。気づきのない職員は、情報提供を受けることで新たな気づきになるのです。これによって、職場全体の気づきとなり、より広がりのある支援につながるのです（図表24－2)。ぜひとも、一人の気づきやアイデアを職場全体の気づきやアイデアにしましょう。そのために、普段から職員間でコミュニケーションが大切なのです。このコミュニケーションを通して、他の職員の考えを理解でき、一方で自分の考えも理解してもらえます。職員間の理解が深まり、葛藤が少なくなっていくでしょう。

図表24－2　広げよう気づきの輪を

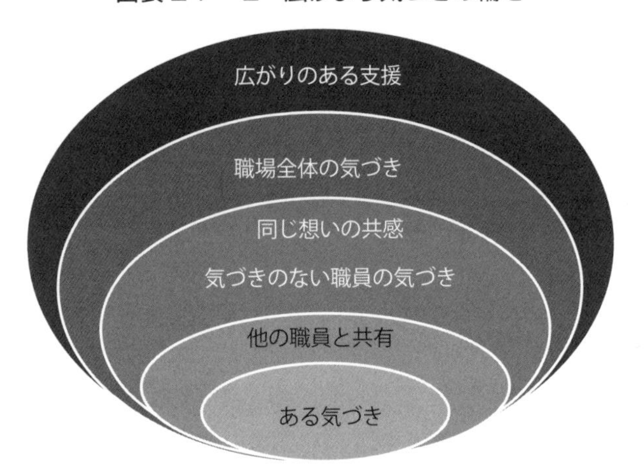

筆者作成

多職種連携

施設・事業所には、支援員、介護職員、相談員といった福祉職以外に、看護師、栄養士など多様な職種の職員も働いています。これら職員も施設・事業所で働くスタッフの一員です。それぞれの職種が連携しながら利用者支援に従事しているのです。各職種がそれぞれの立場だけを主張し、他の職種と連携できないようでは、利用者支援につながりません。

各専門職の学問的背景が異なっているので、重視すべき点や考え方が異なるかもしれません。しかし、ここで押さえておかなければならないことは、どの職種であれ、福祉現場で働いているスタッフだということです。福祉現場で働く、看護師であり、栄養士なのです。福祉現場で働く看護師（栄養士）として、何ができるかを考えましょう。利用者の自立生活を支援するうえで、支援員（介護職）と連携をとりつつ、各職種の専門性を発揮していくことが大切なのです。

看護師であれば、医療・看護の観点からのみで主張するのではなく、利用者の自立生活を支援するうえで看護師として何ができるのか、支援員や介護職員に気をつけてもらいたいことはどのようなことかを伝え、連携のもと、利用者の生活支援に携わりましょう。栄養士であれば、栄養管理の観点からのみで主張するのではなく、利用者の自立生活を支援するうえで栄養士として何ができるのかを考えましょう。

ある利用者が健康上の都合で食事制限が必要になったとしましょう。利用者にとって食事は大きな楽しみの一つなのです。健康上の理由から一律に食材やメニューが限定されると、食事の楽しみがなくなってしまいます。元気がなくなります。これでは、生活支援していることの意味が薄れてしまいます。健康上の都合で食事制限の必要が生じている以上、何らかの方策を考えなければなりません。食事制限を無視することはできません。そこで、栄養士は、少しでも利用者に喜んでいただける食材やメニューを考えることができるといいですね。看護師も医療・看護の観点からできることはないだろうかと考えることができるといいですね。そして、直接利用者とかかわる時間の多い支援員や介護職にアドバイスできることはどのようなことか、気をつけて欲しいことは何かを伝え、連携を取ることで、食事制限の必要な利用者に最大限に満足していただける食事を提供できるのです。これによって、利用者の生活の質は保たれるのです。

文 献

✍ 秋元美世・平田厚『社会福祉と権利擁護－人権のための理論と実践－』有斐閣、2015年

✍ 秋山薊二「ジェネラル・ソーシャルワークの実践概念」太田義弘・秋山薊二編著『ジェネラル・ソーシャルワーク－社会福祉援助技術総論－』光生館、1999年

✍ 石渡和美「地域移行における「意思決定支援」のあり方―障害者権利条約の批准を踏まえて―」『社会福祉研究』第124号、2015年、pp.22～31

✍ 市川和彦『続・施設内虐待－克服へのあたらなる挑戦－』誠信書房、2002年

✍ 市川和彦「知的障害者に対する呼称のありかたに関する考察～なぜ対幼児呼称(「ちゃん」「くん」呼び）が不適切なのか～」『キリスト教社会福祉学研究』第41号、日本キリスト教社会福祉学会、2008年、pp.31～40

✍ 一般社団法人大阪知的障害者福祉協会『支援のありようで利用者が変わる－施設訪問コンサルテーション事例集－』2013年

✍ 井上肇監修、野口勝己・飯塚雄一・栗田善勝編『対人援助の基礎と実際』ミネルヴァ書房、1993年

✍ 岩崎久志『看護・チーム支援に活かすカウンセリング－対人援助、多職種連携に必要なコミュニケーション技術－』晃洋書房、2014年

✍ 岩間伸之「ソーシャルワーク実践における「価値」をめぐる総体的考察」『ソーシャルワーク研究』第40巻第1号（157号)、2014年、pp.15～24

✍ 右田紀久恵・白澤政和監修／小寺全世・岩田泰夫・小西加保留・眞野元四郎編著『岡村理論の継承と展開　第4巻 ソーシャルワーク論』ミネルヴァ書房、2012年

✍ 大阪府障がい者自立支援協議会障がい者虐待防止推進部会障がい児者虐待防止支援専門委員会『一人ひとりを大切にした支援を目指して－大阪府障がい児者施設等サービス改善支援事業～事例集～－』2014年

✍ 太田義弘・秋山薊二編著『ジェネラル・ソーシャルワーク－社会福祉援助技術総論－』光生館、1999年

✍ 岡本民夫・平塚良子編著『ソーシャルワークの技能－その概念と実践－』ミネルヴァ書房、2004年、pp.115～131

✍ 尾崎新『ケースワークの臨床技法－「援助関係」と「逆転移の活用」－』誠信書房、1994 年
✍ 尾崎新『対人援助の技法－「曖昧さ」から「柔軟さ・自在さ」へ－』誠信書房、1997 年
✍ 小澤竹俊(インタビュアー:武居敏)「「今」を穏やかに生きることができるように」『月刊福祉』2016 年 5 月号、2016 年、pp.44 ～ 49
✍ 笠原千絵「他の人でなく自分で決める－当事者主体の意思決定支援モデル開発に向けたグループホームで暮らす知的障害のある人の参加型調査の分析－」『ソーシャルワーク研究』第 31 巻第 4 号、2006 年、pp.43 ～ 50
✍ 川村隆彦『ソーシャルワーカーの力量を高める理論･アプローチ』中央法規出版、2011 年
✍ 川村隆彦「講座　ソーシャルワーク実践の価値と倫理〔1〕 倫理綱領への基礎的理解」『ソーシャルワーク研究』第 42 巻第 1 号（165 号)、2016 年、pp.38 ～ 43
✍ 川村隆彦「講座　ソーシャルワークの価値と倫理〔4〕価値と倫理の教育法への提案－倫理綱領改訂に向けた課題－」『ソーシャルワーク研究』第 42 巻第 4 号、2017 年、pp.48 ～ 54
✍ 衣笠一茂『ソーシャルワークにおける「価値」と「原理」－「実践の科学化」とその理論構造』ミネルヴァ書房、2015 年
✍ 北島英治「ソーシャルワークの実践モデル北島英治・副田あけみ、高橋重宏・渡部律子編『ソーシャルワーク実践の基礎理論』有斐閣、2002 年、p.277
✍ 北野誠一『ケアからエンパワーメントへ－人を支援することは意思決定を支援すること－』ミネルヴァ書房、2015 年
✍ 木原活信『社会福祉と人権』ミネルヴァ書房、2014 年
✍ 金田一京助他『新明解　国語辞典　第 5 版』三省堂、1997 年
✍ 久保紘章他「特集：生活場面面接」『ソーシャルワーク研究』第 24 巻第 2 号、1998 年
✍ 久保美紀「ソーシャルワークにおける Empowerment 概念の検討－ power との関連を中心に－」『ソーシャルワーク研究』第 21 巻 2 号、1995、pp.21 ～ 27
✍ 黒川昭登『臨床ケースワークの基礎理論』誠信書房、1985 年

✍ 坂口哲司『看護と保育のためのコミュニケーション－対人関係の心理学－』ナカニシヤ出版、1991 年
✍ 定藤丈弘・佐藤久夫・北野誠一『現代の障害者福祉』有斐閣、1996 年
✍ 芝野松次郎「社会福祉援助技術の過程」岡本民夫・小田兼三編著『社会福祉援助技術総論』ミネルヴァ書房、1990 年
✍ 社会福祉法人京都府社会福祉協議会監修・津田耕一著『福祉職員研修ハンドブック－職場の組織力・職員の実践力の向上を目指して－』ミネルヴァ書房、2011 年
✍ ジャーメイン ,C.B. 他／小島蓉子編訳・著『エコロジカル・ソーシャルワーク』学苑社、1992 年
✍ 白石大介『対人援助技術の実際－面接技法を中心に－』創元社、1988 年
✍ 白澤政和・尾崎新・芝野松次郎編『社会福祉援助方法』有斐閣、1999 年
✍ 進藤啓子・大川絹代「知的障害者更生施設における生活状況調査－自己選択・意思決定・自己表明の視点からみた調査－」『西南学院大学　教育・福祉論集』第 3 巻第 2 号、2004 年、pp.123 ～ 142
✍ 鈴木良「知的障害者の意思決定支援の思想と方法に関する一考察」『社会福祉学』第 45 巻第 2 号、2004 年、pp.14 ～ 23
✍ 高山由美子「知的障がい福祉に携わる職員に求められる専門性とは～自覚と専門性～」『さぽーと』711 号、2016 年、pp.26 ～ 29
✍ 武田建・津田耕一『ソーシャルワークとは何か－バイステックの 7 原則と社会福祉援助技術－』誠信書房、2016 年
✍ 津田耕一『施設に問われる利用者支援』久美、2001 年
✍ 津田耕一『利用者支援の実践研究－福祉職員の実践力向上を目指して－』久美、2008 年
✍ 津田耕一「障害者の個別支援計画作成に関する研究－重度知的障害者の利用者主体からの考察－」『総合福祉科学研究』第 3 号、2012 年、pp.1 ～ 14
✍ 津田耕一「重度知的障害者の利用者主体に基づく支援に関する研究－支援の視点と支援過程からの考察－」『関西福祉科学大学紀要』第 16 号、2012 年、pp.17 ～ 28
✍ 土屋幸己「本人主体の支援計画とアセスメントの方法－有意義なケースカンファ

レンスの実施に向けて－」『ソーシャルワーク研究』第42巻第1号（165号）、2016年、pp.29～37

✍奈倉道隆「介護福祉の思想と岡村理論」松本英孝・永岡正己・奈倉道隆編著『岡村理論の継承と展開　第1巻　社会福祉原理論』ミネルヴァ書房、2012年

✍バイステック，F. P. 著／尾崎新・福田俊子・原田和幸訳『ケースワークの原則〔新訳版〕－援助関係を形成する技法－』誠信書房

✍狭間香代子「自己決定とストレングス視点」『社会福祉学』第40巻、2号、日本社会福祉学会、2000年、pp.39～56

✍原岡一馬編『人間とコミュニケーション』ナカニシヤ出版、1990年

✍平岡蕃「対人援助サービスとその過程」平岡蕃・宮川数君・黒木保博・松本恵美子編著『対人援助－ソーシャルワークの基礎と演習－』ミネルヴァ書房、1988年

✍平田厚「権利擁護をめぐる現状と課題－昨今の事件・判例から－」『月刊福祉』2016年5月号、2016年、pp.22～27

✍平山尚・平山佳須美・黒木保博・宮岡京子著『社会福祉実践の新潮流－エコロジカル・システム・アプローチ－』ミネルヴァ書房、1998年

✍「福祉職員生涯研修」推進委員会編『改訂福祉職員研修テキスト－基礎編－』全国社会福祉協議会　2002年

✍ブトゥリム，Z.T. 著／川田誉音訳『ソーシャルワークとは何か』川島書店、1986年

✍深田博己『インターパーソナルコミュニケーション－対人コミュニケーションの心理学－』北大路書房、1998年

✍本田勇「利用者 - 援助者関係のバランス」児島亜紀子編著『社会福祉実践における主体性を尊重した対等な関わりは可能か－利用者 - 援助者関係を考える－』ミネルヴァ書房、2015年

✍松村明編著『大辞林　第二版』三省堂　1995年

✍守随憲治・今泉忠義・松村明監修『国語辞典〔新訂版〕』旺文社、1977年

✍山崎美貴子・北川清一編著『社会福祉援助活動－転換期における専門職のあり方を問う－』岩崎学術出版、1998年、pp.44～59

✍山内光哉・春木豊編著『学習心理学－行動と認知－』サイエンス社、1986年

✍山辺朗子「ソーシャルワークにおける援助の倫理」右田紀久恵・白澤政和監修/小寺全世：岩田泰夫・小西加保留・眞野元四郎編著『岡村理論の継承と展開 第4巻 ソーシャルワーク論』ミネルヴァ書房、2012年

✍與那嶺司・岡田進一・白澤政和「生活施設における知的障害のある人の意思決定の構造－担当支援職員による質問紙に対する回答を基に－」『社会福祉学』第49巻第4号、2009年、pp.27～39

✍米村美奈『臨床ソーシャルワークの援助方法－人間学的視点からのアプローチ－』みらい、2006年

おわりに

2001年に『施設に問われる利用者支援』（久美株式会社）を上梓しました。この書籍は、一般的な社会福祉のテキストではなく、福祉現場で役立つ利用者支援について福祉現場での事例やエピソードが盛り込まれております。この間、筆者は多くの社会福祉施設・事業所の職員研修に携わってきました。利用者支援の考え方を福祉現場の方に分かりやすく伝えてきたつもりです。そのようななか、利用者支援の考え方をキーワードごとにより詳しく解説することの必要性を感じました。

本書は、『施設に問われる利用者支援』をさらに進化させ、利用者支援の考え方を社会福祉施設・事業所ではどのように応用できるのかを分かりやすく解説しています。筆者が携わってきた社会福祉施設・事業所職員研修内容の骨子をまとめたもので、どの講座から読んでいただいても理解して頂けるような構成にしています。

本書は、多くの方々の協力のもと刊行に至りました。私の拙い文章をチェックしてくださり図表のアイデアを提供してくださった氏家香苗さん、山本弘志さん、大学院での授業の中で現場経験を活かして利用者支援の考え方に大きなヒントをくださった岩谷亮さん、私の拙い文章に沿った挿絵を描いてくださった深田理沙子さんには大変お世話になりました。また、電気書院の大塚真須美さんには本書の企画・出版に際して多大なるお世話になりました。発行が大幅に遅れるなか、温かく見守ってくださいました。本書を出版することができたのは大塚真須美さんの励ましがあったからこそだと思います。心よりお礼申し上げます。

2017年3月

津田　耕一

——著 者 紹 介——

津田　耕一（つだ　こういち）

関西福祉科学大学社会福祉学部教授。博士（臨床福祉学）。社会福祉士。
関西学院大学大学院社会学研究科社会福祉学専攻博士前期課程修了。
身体障害者授産施設職員を経て現職。
福祉施設・事業所職員を対象とした研修の講師、自立支援協議会委員、社会福祉法人の監事・評議員などを兼務。

主　著

単著『施設に問われる利用者支援』2001（久美株式会社）
単著『利用者支援の実践研究―福祉職員の実践力向上を目指して―』2008（久美株式会社）
単著『福祉職員研修ハンドブック―職場の組織力・職員の実践力の向上を目指して―』2011（ミネルヴァ書房）
単著『福祉現場OJTハンドブック―職員の意欲を引き出し高める人財育成―』2014（ミネルヴァ書房）
共著『ソーシャルワークとは何か―バイステックの7原則と社会福祉援助技術―』2016（誠信書房）

©Kouichi Tsuda 2017

福祉現場で必ず役立つ利用者支援の考え方

2017年 5月31日　　第1版第1刷発行

著　者　津（つ）　田（だ）　耕（こう）　一（いち）
発行者　田　中　久　喜

発　行　所
株式会社　電　気　書　院
ホームページ　www.denkishoin.co.jp
（振替口座　00190-5-18837）
〒101-0051　東京都千代田区神田神保町1-3ミヤタビル2F
電話（03）5259-9160／FAX（03）5259-9162

印刷　中央精版印刷株式会社
Printed in Japan／ISBN978-4-485-30405-1

- 落丁・乱丁の際は，送料弊社負担にてお取り替えいたします．
- 正誤のお問合せにつきましては，書名・版刷を明記の上，編集部宛に郵送・FAX（03-5259-9162）いただくか，当社ホームページの「お問い合わせ」をご利用ください．電話での質問はお受けできません．また，正誤以外の詳細な解説・受験指導は行っておりません．

JCOPY　〈㈳出版者著作権管理機構 委託出版物〉

本書の無断複写（電子化含む）は著作権法上での例外を除き禁じられています．複写される場合は，そのつど事前に，㈳出版者著作権管理機構（電話：03-3513-6969，FAX：03-3513-6979，e-mail：info@jcopy.or.jp）の許諾を得てください．また本書を代行業者等の第三者に依頼してスキャンやデジタル化することは，たとえ個人や家庭内での利用であっても一切認められません．